投資と金融がわかりたい人のための
ファイナンス理論入門

プライシング・ポートフォリオ・リスク管理

冨島佑允
Tomishima Yusuke

CCCメディアハウス

装丁・本文デザイン　竹内淳子（慶昌堂印刷株式会社）
校正　円水社

目 次

はじめに ———————————————————— 006
- 本書を読むことのメリット
- 本書の構成

第1章 プライシング理論
"本来の価値"をどうやって求めるか？ ———————— 009

1. 株・債券、不動産、プロジェクト、企業 ———————— 010
   ……全て同じ考え方で価値を求められる
2. 全てを「お金の流れ（キャッシュフロー）」として捉える — 012
3. キャッシュフローに「値段」を付ける ———————— 014
4. 将来キャッシュフローの「値段」はどうやって決めるのか 017
5. いろいろな資産の"本来の価値"を求めてみる ———— 023
   - 5.1 債券 ———————————————————— 023
   - 5.2 株式 ———————————————————— 031
   - 5.3 不動産 ——————————————————— 039
   - 5.4 企業 ———————————————————— 040
   - 5.5 プロジェクト ———————————————— 049
     ① NPV法
     ② IRR法
6. 将来キャッシュフローが状況によって変化する場合 —— 055
7. 将来キャッシュフローの推定自体がそもそも難しい場合 — 057
8. まとめ ————————————————————— 062

第2章 ポートフォリオ理論
どの資産にどれだけ投資すればよいか? —— 065

1 資産の組み合わせを合理的に決める —— 066

2 ポートフォリオ理論の土台は「資本資産価格モデル（CAPM）」 —— 069

- **2.1** CAPMとは何か? —— 069
- **2.2** CAPM理論の要点 —— 070
- **2.3** CAPMの視覚的イメージ —— 076
  - ① ポートフォリオをリスク・リターン平面上の点として捉える
  - ② リスク性資産のポートフォリオは、効率的フロンティアから選ぶ
  - ③ リスク性資産のポートフォリオと無リスク資産を組み合わせる
  - ④ 個別の証券と、市場ポートフォリオとの関係
  - ⑤ CAPMが世界に与えた影響

3 CAPMの先へ —— 106

- **3.1** マルチファクターモデル —— 106
  - ① マルチファクターモデルの理論的土台であるAPTについて
  - ② Fama-Frenchの3ファクター・モデル
- **3.2** 最小分散ポートフォリオ —— 115
- **3.3** リスク・パリティとリスク・バジェッティング —— 117
- **3.4** インデックス運用とアクティブ運用 —— 118

4 まとめ ポートフォリオ理論を学ぶことの意義 —— 121

第3章 リスク管理
適切なリスクとは？ 致命的な損失を避けるには？ —— 127

1 リスクとは何か —— 128

2 市場リスクの捉え方 —— 132

3 「非常事態への備え」の基本はValue at Risk —— 141
- **3.1** VaRとは何か —— 141
- **3.2** ヒストリカルVaRとモンテカルロVaR —— 145
- **3.3** VaRをどのように使うか —— 149
- **3.4** VaRの利点と限界 —— 151

4 テールリスク管理 —— 153
- **4.1** ファットテール —— 154
- **4.2** ストレステストで緊急事態に備える —— 157
- **4.3** 信用リスクについて —— 158

5 まとめ —— 160

第4章 統計分析
自分で分析する方法を身につける —— 163

1 まずは、データに問題がないかを確認する —— 166
2 統計分析の実際 —— 172
- ① リターン
- ② 標準偏差
- ③ 相関
- ④ VaR

3 計算した数値を使って、最小分散ポートフォリオを作ってみる —— 190
4 β（ベータ）の計算 —— 193
5 まとめ —— 195

おわりに —— 197

はじめに

　本書は、資産運用のプロが何を考えて投資を行っているのかを1冊にまとめたものです。筆者はメガバンク入行から転職を経て現在に至るまで、一貫して資産運用業に携わってきました。資産運用業界は多くの専門家に支えられていて、不動産投資の専門家もいれば株の専門家もいて、さらには株も業種ごとの専門家に分かれていて……などと細分化されていますが、全てのプロが基礎知識として持っている「考え方」があります。本書ではそのような、プロにとっては基本中の基本である資産運用の考え方をまとめました。

　投資は元本割れのリスクがあるからなんとなく怖いと思っている方。資産運用の基本をコンパクトに学びたい方。教養としてファイナンス理論を学びたい方。金融機関や資産運用会社に勤めている方、または目指している学生の方。他のファイナンス理論の本を買ってみたけど、数式だらけで挫折した方。本格的にファイナンス理論を学ぶ前に、まず概要を知っておきたい方等々、本書は幅広い読者を想定しています。

　「ファイナンス理論」という言葉は、投資や金融に係わる多くの理論の総称です。つまり、「ファイナンス理論」というたった1つの理論があるわけではありません。そのカバー範囲はとても広いのですが、大きくは資産運用に関する理論と、企業金融（コーポレート・ファイナンス）に関する理論に分かれます。本書で取り扱っているのは、主に資産運用に係わる理論です。コーポレートファイナンスの話も第1章—5で少し出てきますが、それ以外は全て資産運用に係わる話題を扱っています。

■本書を読むことのメリット

　ファイナンス理論は非常に広大な分野で、難しい数式も沢山出てくるので、きちんと勉強しようとすると何年もかかってしまいます。そこで本書では、資産運用の実務の世界で特に重視されている部分にフォーカスして、なるべく数式を使わずに説明しています。本文中には電卓でできる程度の計算しか出てきませんし、それより複雑な計算はエクセル関数で行う方法を紹介しています。

　自分や家族のお金を守り増やしていくために、資産運用の基本的な考え方を身につけることはとても重要です。例えば、銀行や証券会社に運用の相談に行ったとき、基本的なことを知らないのと知っているのとでは、担当者が提案してくる運用商品に対する理解度も大きく変わってきます。また、投資や金融に係わる仕事をされている方にとっては"常識"ともいえる内容をまとめていますので、そういった業界に勤める方や、これから勤めることを考えている学生の方にとっても本書が役に立つでしょう。

■本書の構成

　資産運用を行う上では、①なるべく割安な価格で買うために、投資対象の割安・割高を判断する基準が必要になります。また、②世の中にある色々な投資対象のうち、どの投資対象にいくら投資すべきかを決めなければなりません。そして、運用を開始した後は、日々の価格変動によって損益が出ます。そうやって価値がブレるのはやむを得ませんが、③あまりに大きな損を出して破産してしまうのは避けなければなりません。

　ファイナンス理論では、資産運用における①・②・③の課題を、以下の3つの理論で取り扱っています。

① プライシング理論：割高、割安を判断する
② ポートフォリオ理論：どのような投資対象にいくら投資すればよいかを決める
③ リスク管理：致命的な損失を避ける

　資産運用の基本となるこれら３つの理論について、①は第１章、②は第２章、③は第３章で解説しています。また、これらの理論に係わる分析や計算をエクセルで行う方法を第４章で紹介しています。「理論」というとなんだか大げさですが、要するに「考え方」です。

　本書に書かれた「考え方」は日本に限らず、世界中の資産運用のプロが実践しているものです。このような考え方をしっかり身につけ、資産形成やキャリア形成において読者のみなさんの一助としていただければ幸いです。

冨島　佑允

第1章

プライシング理論

"本来の価値"を
どうやって求めるか？

1 株・債券、不動産、プロジェクト、企業……全て同じ考え方で価値を求められる

　まずは、プライシング理論から説明します。プライシング理論は、投資しようとしている株や債券、あるいは事業や不動産などの「本来の価値」はどれくらいなのかを推定するための理論です。

　例えば株式投資では、割安な株を買い、割高な株を売るというのが大原則です。けれども、そもそもどの株が割安で、どの株が割高なのかを判断できなければ、そのような投資を行うことができません。そして、割安・割高を判断するためには、株の持つ実力、つまり「本来の価値」を知る必要があります。本来の価値を推定できれば、本来の価値と比べて高い値段で取引されている株は割高、低い値段で取引されている株は割安と判断することができます。プライシング理論は、このような「本来の価値」を推定するための理論です。「本来の価値」のことを、ファイナンスの世界では**公正価値**（fair value）と呼びます。

　このような考え方は、株式投資だけでなく、不動産投資や、企業のプロジェクトへの投資、M&A等々にも当てはめることができます。プロジェクトへの投資を例にとると、本来の価値が100億のプロジェクトに120億円のコストがかかってしまったら、会社として採算が取れなくなってしまいます。また、本来の価値が100円の株を120円で買うのも、良い投資とは言えません。本来の価値を推定するということは、非常に重要なことなのです。

　それでは、プライシング理論では、公正価値をどのように捉えるのでしょうか？　そのことについて、まず見ていきましょう。世の中には、株・債券、不動産、プロジェクト、企業（M&A）など様々な投資対象がありますが、公正価値を求めるための基本的な考え方はどれも同じです。まずは基本的な

考え方を理解し、次にそれぞれの個別の投資対象について、具体的にどう考えていけばいいかを見てみましょう。

2 全てを「お金の流れ(キャッシュフロー)」として捉える

　基本的な考え方は、「**投資対象をお金の流れ(キャッシュフロー)に置き換えて考える**」というものです。いきなり株や債券だと抽象的でわかりづらいので、すこし唐突かもしれませんが、"牛"の価値について考えてみましょう。「牛の公正価値を推定しなさい」と言われたら、どうやって計算すればいいでしょうか？　まず、ファイナンスの世界では、全ての価値をお金で測定します。牛の価値は、牛を飼うことで得られる収入をもとに測定することになります。

　牛一頭のお乳を搾って売ることで、年間50万円を稼げるとします。寿命は乳を出し始めてから5年とします。また、(少し残酷ですが)最後は肉用牛として10万円で売却されるとしましょう。このように考えることで、牛をお金の系列に置き換えることができます。最初の4年間は毎年50万円ずつ収入があり、5年目は60万円(牛乳の売り上げ50万円＋肉用牛としての売却額10万円)の収入となります。

■図1　牛の将来キャッシュフロー

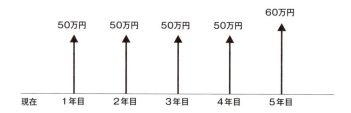

　このように考えると、牛を飼うことで得られる収入は総額260万円(50万円×4年間＋60万円)ということになります。状況を簡単にするために、牛

を飼っている放牧地は牧草が豊富に生えていて餌代はかからないし、小川があって水もタダで飲めるとしましょう。そうすると、牛を買ったあとは特に支出はないため、手元に260万円が入ってきます。

　このようにして、ファイナンス理論では、投資対象の価値を測る際に、その投資対象をキャッシュフローの系列に置き換えて考えます。そうすることで、あらゆる投資対象の公正価値を同じ枠組みで考えることができるのです。もちろん、投資家にとって関心があるのは、投資を開始してから後のキャッシュフローです。自分が投資を始めていない時に発生したキャッシュフローは自分に関係ないので、興味はありません。そのため、投資対象の公正価値を推定する際は、投資開始時点から見て将来の時点で発生するキャッシュフローのみを考えることになります。このように、将来時点で発生するキャッシュフローのことを**将来キャッシュフロー**と呼びます。

投資対象を、投資開始後のお金の流れ（将来キャッシュフロー）に置き換えて考える。

3 キャッシュフローに「値段」を付ける

　牛から総額260万円のキャッシュフローが得られることがわかりました。では、牛の公正価値は260万円と考えていいのでしょうか？　答えは「ノー」で、それより低い値になります。なぜかというと、260万円は今すぐに手に入るわけではなく、5年間待たないと全額は手に入らないため、その分の"不便さ"を考慮して価値を割り引いて考えなければならないからです。では、すぐにお金が入ってこないことによる"不便さ"は、具体的にどうやって評価に反映させれば良いのでしょうか？　そのことについて考えてみましょう。

　なぜ、すぐに入ってこないお金を"不便"と考えるのかというと、手元にないお金は投資に使えないからです。お金とは本来、単に銀行に預けておくだけでも増えていくものです。今手元に260万円あって、それを預金金利1％で銀行に預けておけば、5年後には273万円になります。もっと利回りの高い運用商品に投資すれば、もっと増やすことができるかもしれません。今手元にあるお金は、投資によって増やしていくことができるので、将来得られるお金よりも価値が高いのです。

　預金金利1％の下では、今手元にある260万円と、5年後に得られる273万円は同じ価値を持つと考えることができます。見方を変えれば、5年後に得られる273万円は、現在手元にあるお金で換算すると260万円分の価値しかないということです。同様にして、260万円を利回り1％で10年間預けておくと、287万円になります。つまり、10年後に手に入る287万円と手元の260万円は価値が等しいことになります。この考え方でいくと、将来手に入るお金は、早く手に入るものほど価値が高いということになります。

■図2　今日のお金と将来のお金

> **ポイント**　手元にあるお金はすぐに投資に使えるので、将来入ってくるお金よりも価値が高い。将来入ってくるお金は、手に入るタイミングが早いほど価値が高い。

　ここまでで、お金は手に入るタイミングが早いほど価値が高くなることがわかりました。同じ金額でも、それが得られるタイミングによって価値が変わるのです。そのため、プライシング理論では、将来得られるお金の価値を「現在手元にあるお金」の価値に換算して測るということをやります。具体的には、将来キャッシュフローを割引いて、現在手元にあるお金の価値に換算します。このように、将来キャッシュフローを現在手元にあるお金の価値に換算した値のことを、将来キャッシュフローの**割引現在価値**と呼びます。

　割引現在価値は、キャッシュフローの「値段」と考えてもらうとわかりやすいでしょう。得られるまでに時間がかかるキャッシュフローほど、すぐには投資に使えなくて不便なので、値段が安くなるということです。プライシング理論では、投資対象をキャッシュフローの系列に置き換えて考え、それ

ぞれのキャッシュフローの「値段」、つまり割引現在価値を計算します。そして、投資対象そのものの価値は、その投資対象が生み出す将来キャッシュフローの割引現在価値の合計と考えます。つまり、次のような関係があるということです。

投資対象の価値　＝　将来キャッシュフローの割引現在価値の合計

この関係が、プライシング理論の根本となる重要な考え方です。
次は、具体的に割引現在価値をどのように計算するのかを見ていきましょう。

4 将来キャッシュフローの「値段」はどうやって決めるのか

　将来キャッシュフローの「値段」、つまり割引現在価値は、どうやって計算すればよいのでしょうか？　割引現在価値という難しそうな名前が付いてはいるものの、計算自体はたいして難しくありません。スーパーでは、賞味期限が切れかけている食材に割引シールが貼られていきますが、あれと同じように、将来キャッシュフローをもとの金額から割り引いて考えるというだけの話です。スーパーの品物にどの割引シール（10％、30％、50％……）を貼るかを決めているのは、恐らく店長さんでしょう。では、ファイナンス理論の世界で、将来キャッシュフローの割引率を決めているのは誰なのでしょうか？

　答えを言ってしまうと、誰か特定の人が決めているわけではありません。割引率は、将来キャッシュフローがどれくらい確実に手に入るものなのかによって決まってきます。といってもピンと来ないかもしれませんが、以降の説明を読んでいただけるとイメージが湧くと思います。

　将来キャッシュフローの割引現在価値を計算するためには、割引率を決めなくてはなりません。そして、割引率の具体的な計算方法は、投資対象によって変わってきます。けれども、その根底にある発想は全て同じで、投資家がその投資対象に期待する収益率によって、割引率が決まってくると考えます。

　収益率とは、その投資によって儲かった金額を、もともと投資した金額で割ったものです。例えば、100円を投資して、1年後にそのお金が108円に増えたら、1年間の収益率は8％（8円÷100円）になります。もちろん、投資を始める段階では、実際にいくら儲かるかはわかりません。けれども、

投資家たちは、この投資からはこれくらい儲かるはずだという予想（期待）を立てて投資を行います。このように、投資家がその投資に対して期待している収益率のことを、**期待収益率**といいます。

プライシング理論では、この期待収益率を割引率として使います。つまり、

　　割引率　＝　期待収益率（投資家がその投資対象に期待している収益率）

ということです。ただし、期待収益率という言葉にはファイナンス理論独特の意味があるので、注意しなければなりません。"投資家の期待収益率"という言葉を聞くと、例えば株をやっている個人投資家の「この株で去年15％も損したから、今年は20％くらい上昇してくれないと割に合わないぜ！」みたいな個人的願望を思い浮かべるかもしれませんが、そういうものとは全く違います。

世の中には様々な投資対象があり、ハイリスク・ハイリターンなものもあれば、ローリスク・ローリターンなものもあります。例えば、値動きが激しい株式への投資は、大損をする可能性もありますが、株価が上昇したときは大きな利益が得られるので、ハイリスク・ハイリターンの投資と言えます。一方、銀行預金は、預けた金額が勝手に増えたり減ったりはしないためローリスクですが、預金金利の分しか儲からないのでローリターンでもあります。

一般に、投資家は、ハイリスクな投資にはハイリターンを求める一方、ローリスクな投資はローリターンでも良いと考えます。これは、考えてみれば当たり前ですね。リスクが高い投資ほど、高い見返りを求めるということです。

今まで「リスク」という言葉が何度か出てきましたが、日常的な用語としての「リスク」という言葉と、ファイナンス理論における「リスク」は意味

が異なります。ファイナンス理論では、投資対象を将来キャッシュフローの系列に置き換えて考えるという話をしましたが、将来キャッシュフローは不確実性を持っています。先ほどの牛の例で言うと、3年目に病気にかかって死んでしまうかもしれません。そうすると、4年目、5年目の将来キャッシュフローは消えてしまいますし、牛の死骸を処理するための新たなコスト（マイナスのキャッシュフロー）も発生することになります。このように、どのような投資対象でも、その将来キャッシュフローには不確実性があるわけです。投資家は、不確実性がどれくらいあるかを把握して、その不確実性に見合った収益を得たいと願います。そのため、ファイナンス理論では、将来キャッシュフローの不確実性を推計することが非常に重要なテーマとなっています。そして、将来キャッシュフローの不確実性の大きさを「リスク」と呼んでいるわけです。

　　リスク　＝　将来キャッシュフローの不確実性の大きさ

　一般用語で「リスク」というと、火災、犯罪など、マイナス方向の出来事だけを指すことが多いですが、ファイナンス理論での「リスク」は、プラス方向・マイナス方向のどちらかにかかわらず、当初の想定からはずれることを指しています。想定より良くなるにしろ、悪くなるにしろ、想定通りにいかない可能性のことを「リスク」と呼んでいるのです。

　ファイナンス理論では、期待収益率はリスクの大きさで決まると考えます。リスクが高い投資は高い期待収益率、リスクの低い投資は低い期待収益率が要求されます。つまり、リスクが増えるほど、期待収益率も高くなります。

　リスクが増えた場合に期待収益率がどのくらい増えるかは、時代や市場環境によって変わってきます。その時々によって「相場」があるわけです。例えば、おにぎりはコンビニで150円くらい払えば買えますが、あるお店がコンビニと同じくらいの味のおにぎりを10万円で売っても、だれも買ってく

れないでしょう。10万円のおにぎりを買うくらいなら、コンビニで同じクオリティのおにぎりを150円で買った方がいいからです。おにぎりと同様に、缶ジュース、ノートパソコン、スマートフォンなど様々な商品の価格には、相場というものがあります。

　同じように、期待収益率にも相場があります。ハイリスクなのに収益率が低い投資対象には、誰も投資したいなんて思わないでしょう。そんな投資対象が仮にあったとしても、誰も投資しないので、すぐに市場から淘汰されてしまいます。逆に、ローリスクなのに収益率が高い（つまり割安な）投資対象があったとしたら、皆が一斉にその投資対象を購入することになります。皆が購入するので価格が上昇し、収益率は低下していくことになります。結果として、市場に存在しているあらゆる投資対象の期待収益率は、リスクの大きさごとに同じくらいの水準に収斂するのです。その結果、期待収益率を考えるときは、その投資対象が持つリスクに注目すれば良いということになります。

　リスクと期待収益率が比例関係にあるという事実は常に変わりませんが、どのくらい比例するかは、国や時代、市場環境等によって変わってきます。この比例の度合い、つまり、リスクを1単位増やしたときに期待収益率がどのくらい増えるかを、ファイナンス理論の用語で「**リスクの市場価格**」と呼びます。おにぎりにはお金という対価が支払われますが、リスクには期待収益率という対価が支払われます。言うなれば、リスクを1単位増やしたときの期待収益率の増加は、リスクの"価格"のようなものです。そのため、このような名前が付いているわけです。

　具体的に期待収益率を求める方法は後に述べますが、ここでは、期待収益率がリスクの水準によって決まっているということが重要です。リスクの水準によって期待収益率が決まり、その期待収益率が、将来キャッシュフローの割引に用いられるからです。

では、なぜ期待収益率を割引率として使うのでしょうか？　割引率は、将来手に入るお金を、現在手元にあるお金の価値に換算するために用いるものです。なぜ割引をする必要があるかというと、今手元にあるお金は、今すぐに投資して増やせるのに対し、将来手に入るお金は、手に入るまでは投資に使えないからでした。

　それでは、ある資産があって、期待収益率が年率５％だったとします。また、その資産からは、投資をして１年後に1000円のキャッシュフローが得られるとします。キャッシュフローをいくらで割り引くべきでしょうか？　先ほど述べたように、期待収益率はリスクの水準で決まっています。期待収益率が５％ということは、年率５％の収益を稼げないとリスクに見合わないと投資家が考えていることを意味します。ということは、その資産の現在の価格が952円（1000円÷1.05）か、もしくはそれ以下であれば、952円投資して１年後に1000円を得られる（収益率5％）ため、買っても良いということになります。つまり、この場合、投資家は１年後の1000円の公正価値を952円と考えていることになります。

　割引現在価値は、将来キャッシュフローの「値段」です。つまり、投資家が、その将来キャッシュフローをいくらなら買ってもいいと思っているかを表しています。将来キャッシュフローの不確実性（リスク）が高いほど、投資家はその将来キャッシュフローを安い値段で買おうとします。そうすることで、期待収益率を高めようとするわけです。逆に言えば、将来キャッシュフローを期待収益率で割り引いた値こそが、投資家から見た将来キャッシュフローの公正な「値段」（買ってもいいと思える価格）になるということです。
　これで、なぜ期待収益率を割引率として用いるのかがはっきりしました。

　ここまでの話をまとめましょう。

手元にあるお金を期待収益率で運用できると考え、将来キャッシュフローを生み出すのに必要な現在時点の金額、すなわち割引現在価値を求めます。あとは、全てのキャッシュフローの割引現在価値を合計すれば、それが公正価値ということになります。

　つまり、以下のような3ステップで公正価値を求めることができます。

> ステップ1：投資対象を将来キャッシュフローに置き換える
> ▼
> ステップ2：将来キャッシュフローを期待収益率で割り引いて、割引現在価値を求める
> ▼
> ステップ3：全ての将来キャッシュフローの割引現在価値を合計する

　このようにして、将来キャッシュフローの割引現在価値を合計することで公正価値を得る方法をディスカウント・キャッシュフロー法、または、英語表記（Discounted Cash Flow）の頭文字を取ってDCF法と呼びます。このDCF法が、プライシング理論の基礎となっています。

5　いろいろな資産の"本来の価値"を求めてみる

5.1 債券

　公正価値を求める手順がわかったところで、具体的にいろいろな資産の公正価値を求める手順を見てみましょう。まずは、債券からです。

　債券は、国や企業がお金を調達する際の有力な手段です。大きな金額を調達したいとき、銀行融資で借りるという方法もありますが、銀行が必ずお金を貸してくれるという保証はなく、断られてしまう可能性もあります。また、お金を貸してくれた銀行が、融資継続をエサに経営に口出しするなど、面倒なことが起きるかもしれません。社債も銀行融資と同じようにお金を借りる方法の一つですが、借りる相手が不特定多数の投資家である点が、銀行融資と異なります。

※　厳密には、特定の投資家にのみ販売する「私募債」という種類の債券もあります。不特定多数の投資家に販売する場合は「公募債」と呼ばれます。

　例えば、ある企業が1億円を調達したい場合には、額面金額100円の債券を100万枚発行し、証券会社等を通じて債券市場に流通させます。投資家は、それぞれ自分の好きな枚数だけ債券を購入します。そうすることで、企業は不特定多数の投資家からお金を"借りる"ことができるわけです。もちろん、借りたお金は返さなければならないので、債券には必ず"返済期限"が設定されています。この返済期限のことを**満期**と呼びます。例えば、額面100円で満期5年の債券は、発行から5年後に100円を投資家に返済しなければなりません。このように、債券が満期に達して額面金額が返済されることを**償還**といいます。また、債券を発行した国や企業のことを**発行体**、債券の額面金額のことを**元本**といいます。銀行借入の場合は、借りた側は利息を支払わ

なければなりませんが、債券も同じように、発行者は購入者に対して利息を支払わなければなりません。債券では、利息のことを**クーポン**とも呼びます。なぜクーポンと呼ぶかというと、昔、債券が紙だった時代の名残です。まだコンピューターが普及しておらず、紙の債券が取引されていた時代、債券本体の紙面に小紙片が付属していて、そこに利息の金額と支払日が書かれていました。投資家は、その小紙片を切り離して利息と交換していたのです。つまり、「クーポン券」などのクーポンと同じ意味ということです。

お膳立てができましたので、公正価値の求め方を見ていきましょう。ステップ1として、将来キャッシュフローを考えます。すでに説明したように、クーポンと償還の2種類があります。クーポンは、予め決められた支払日に支払われます。半年ごとに支払われる「半年払い」が最も一般的ですが、年に一度支払われる「年払い」や、それ以外の頻度のものもあります。クーポンがないものもあり、それはゼロクーポン債と呼ばれます。

満期日には元本が償還されますが、満期日はクーポンの最終支払日でもあるので、同じタイミングで最後のクーポンも支払われます。したがって、例えば満期3年、半年払いクーポンの場合のキャッシュフローを図にすると、図3のようになります。半年払いなので、3年間で6回クーポンが支払われます。そして、最終クーポンの支払日は、元本の償還日でもあるので、元本＋クーポンが支払われることになります。

■図3　債券のキャッシュフロー（満期3年、半年払いクーポンの場合）

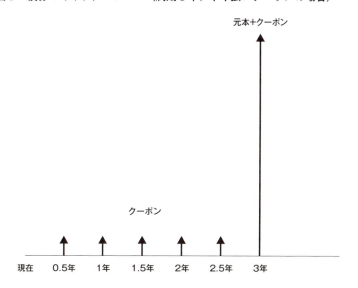

　ここで具体例として、満期3年、利払いが年に一度、額面100円、クーポン利率2％の場合を考えてみましょう。話を簡単にするために、年払いクーポンとしています。毎年受け取るクーポンは2円（額面100円×2％）になるので、将来キャッシュフローは以下のようになります。

■表1　将来キャッシュフロー

	1年目	2年目	3年目
クーポン	2円	2円	2円
償還			100円
合計	2円	2円	102円

　これでステップ1の将来キャッシュフローへの置き換えが完了しました。次はステップ2で、割引率を決めます。すでに説明したように、期待収益率を割引率として使います。債券の場合は、その債券を満期まで持ち続けた場

合の収益率を用います。債券を途中で売却せず満期まで持ち続けた場合の収益率を、満期利回り、または英語でYield To Maturity（YTM）と呼びます。

　仮にYTMが7％だとしましょう。1年目のキャッシュフローの割引現在価値を求めるには、7％分を割り引けばいいので、1.07で割ることになります。1/1.07＝0.93なので、元の金額である2円を0.93倍して、1.9円が現在価値となります。では、2年目はどうすればいいでしょうか？　7％の割引を2回適用するので、（1/1.07）×（1/1.07）＝0.87倍すればいいことになります。つまり、2円を0.87倍して、1.7円が割引現在価値になります。同じように、3年目は（1/1.07）×（1/1.07）×（1/1.07）＝0.82倍すればいいので、102円を0.82倍して、83.3円が割引現在価値になります。※このように、将来キャッシュフローを割引現在価値に換算するための倍率を**ディスカウントファクター**と呼びます。

※ 小数第三位を四捨五入しているため、本文中の数値をそのまま使って検算すると端数がずれる場合があります。

　まとめると、以下のようになります。これで、全ての将来キャッシュフローの割引現在価値が求まりました。

■表2　将来キャッシュフローの割引現在価値

	1年目	2年目	3年目
将来キャッシュフロー	2円	2円	102円
ディスカウントファクター	0.93	0.87	0.82
割引現在価値	1.9円	1.7円	83.3円

　ステップ3で、全ての将来キャッシュフローの割引現在価値を足して、公正価値を計算します。

公正価値 ＝ 1.9円 ＋ 1.7円 ＋ 83.3円 ＝ 86.9円

　これで、公正価値が86.9円と求まりました。

　ここで、満期利回り（YTM）はどうやって決まっているのかを説明しておきましょう。先ほど7％としたのは、例題のために適当に設定した数字に過ぎず、実際の満期利回りは、債券ごとに様々な値をとります。満期利回りは様々な要因が絡み合って決まっているのですが、一番大きな要因は、発行体の信用力です。

　債券は"借金"の一種である以上、踏み倒される可能性が常に付きまといます。発行体の財務状況が悪化したり、破綻するなどして元本の満額での償還が難しくなり、金額を減らされるということは実際よくある話です。このような、取引相手が支払うはずだったお金を支払ってくれないリスクのことを**信用リスク**といいます。相手を"信用"してお金を貸したのに、その"信用"が裏切られるリスクということです。例えば、トヨタなどの財務状況の良い大企業が発行する債券は、信用リスクが低い（踏み倒される可能性が低い）と言える一方、財務状況が悪い企業が発行する債券は信用リスクが高い（踏み倒される可能性が高い）と言えます。信用リスクが高い債券を購入する投資家は、高いリスクの見返りとして高い収益率を期待します。これは当然のことで、同じくらいの期待収益率ならば、誰だって信用リスクが低い債券を買うわけです。そのため、信用リスクが高い債券ほど、高い期待収益率を要求されます。リスクが高い投資ほど高い期待収益率を要求されるという原則が、ここでも適用されるわけです。

　つまり、信用リスクが高い債券ほど満期利回りが高くなります。満期利回りが高くなれば、その分ディスカウントファクターが小さくなるので、将来キャッシュフローの割引現在価値が小さくなります。ということは、その合

計値である公正価値も小さくなります。つまり、踏み倒される可能性が高い債券ほど、価値も低くなるということです。

　債券には、大きく分けて国債と社債があります。国債とは、アメリカ合衆国や日本国などの国家が発行する債券のことです。社債は、トヨタやマイクロソフトなどの企業が発行する債券のことを言います。

　アメリカや日本などの主要先進国が発行している国債は、基本的には信用リスクは無いと考えます。歴史的には国家が破綻した事例はいくつもあるのですが、企業が倒産するリスクに比べると、主要先進国が財政破綻して国債が紙くずになるリスクは極めて低いので、実務上は信用リスクなしとみなす場合が多いです。

　主要先進国の国債の利回りを、リスクなしで稼ぐことができる利回りという意味で**無リスク金利**と呼びます。あらゆる資産は、無リスク金利よりも高い期待収益率を要求されます。なぜならば、投資には損失のリスクが付きまとうので、期待収益率が無リスク金利と同水準かそれより低ければ、その資産に投資せず、世界で最も安全な資産である主要先進国の国債に投資した方が良いからです。つまり、無リスク金利は、あらゆる資産の期待収益率の下限と考えることができます。

　社債など、主要先進国の国債以外の債券については、信用リスクを考慮する必要があります。具体的には、信用リスクが高いほど満期利回りが高くなります。信用リスクが高いか低いかを判断する際に最もよく使われる目安が、発行体の**格付**です。ムーディーズ（Moody's）、スタンダード・アンド・プアーズ（Standard & Poor's）、フィッチ・レーティングス（Fitch Ratings）、R&Iなどの格付機関が、発行体ごとに財務状況を調査し、格付を付与しています。例えば、最も信用リスクが低い発行体はAAA（トリプルエー）という格付が付与されます。そして、信用リスクが高くなるにつれて、AA（ダ

ブルエー)、A（シングルエー）、BBB（トリプルビー）、BB（ダブルビー）、B（シングルビー）、CCC（トリプルシー）……というようになります。

　格付がBBB以上の債券は、信用リスクが低く、多くの投資家にとって望ましい投資対象と言えるため、「**投資適格債**」と呼ばれています。一方、格付がBB以下の債券は「**非投資適格債**」と呼ばれます。あるいは、損失のリスクが高い代わりに高い利回りを期待できるので、「**ハイイールド債**」と呼ばれています（英語で「高い利回り」を表すHigh Yieldという言葉から来ています）。投資適格債は、信用リスクが低い代わりにハイイールド債ほどの利回りは期待できない。逆にハイイールド債は、利回りが高い代わりに信用リスクも高い、というふうに一長一短なので、投資家は両者のバランスを考えながら投資を行います。

　債券の投資家にとって、格付は非常に重要な意味を持ちます。なぜならば、格付の高い債券は、信用リスクが低い代わりに利回りも低い、一方、格付の低い債券は、信用リスクが高い代わりに利回りも高いというふうに、トレードオフの関係になっているからです。債券の投資家は、収益率と信用リスクのバランスを考えつつ、格付ごとの保有比率を慎重に判断する必要があります。大部分の金融機関は、債券への投資に関して、格付ごとに投資金額に上限枠を設定しています。

　一般に、格付が低い（信用リスクが高い）発行体の債券ほど満期利回り（期待収益率）が高くなるので、値段は安くなります。しかし、市場では様々な種類の債券が取引され、価格が日々変動しているため、同じ格付の債券でも、割安なものや割高なものが出てきます。投資家は、社債の発行体の格付を参考にしつつ、「この銘柄はシングルAにしては割安だな」などと考えながら投資の可否を判断するわけです。

　格付は、5年後、10年後といった将来にわたって支払能力が維持される

かという観点から付与されます。しかし、格付機関も神様ではないので、企業の未来を完全に予測できるなんてことはあり得ません。また、格付は、その格付が付与された時点までの公開情報に基づいて調査され、付与されたものです。その後に新たな情報（市況の変化、新製品の売れ行き不調、自然災害による損害など）がリリースされた場合は、判断が変わることはあり得ます。そのため、格付は一度付与されたらずっと固定というわけではなく、適宜見直され、変更されることがあります。格付が良い方向へ見直されることを格上げ、悪い方向へ見直されることを格下げと言います。

　債券の投資家にとってあまり起きて欲しくないことの一つは、保有している社債が投資適格（BBB以上）から非投資適格（BB以下）へ格下げされることです。多くの金融機関では、その債券が投資適格か非投資適格かで扱いが大きく異なります。信用リスクを抱えすぎないようにするため、非投資適格債は投資適格債に比べて、投資上限枠が小さめに設定されているのが一般的です。ですから、ある投資適格債が格下げされて非投資適格債になってしまった場合、その投資額によっては、非投資適格債の投資上限枠を超過してしまう可能性もあります。例えば、非投資適格債の投資上限枠が100億円で、すでに70億円の枠を使っていた場合、投資額が50億円の投資適格債が非投資適格債へ格下げされてしまうと、会社全体として120億円（70億円＋50億円）の非投資適格債を持っていることになり、100億円の投資上限枠を超過してしまいます。

　そのような場合、たとえ売却価格が魅力的でなくても、ルールを守るために社債を売らなければならないといったことが生じます。私自身も、現場でそういった事例を何度も見てきました。また、似た事例ですが、ある投資適格社債への投資を計画していたところ、直前になって格下げが発表され、非投資適格へ落ちてしまったケースもありました。当然、その社債への投資は見送りとなりました。格付変更自体はめずらしくもないのですが、その中でも、BBB格からBB格への格下げ（つまり投資適格から非投資適格への格下

げ）は、実務上は特に注意する必要があるということです。

　このように、社債の利回りは信用リスクによって変わり、信用リスクの高さは基本的には格付に反映されているということです。もちろん、格付を盲目的に信じるのは危険です。例えば、2008年に6000億ドル以上の損失を抱えて倒産したリーマン・ブラザーズは、破綻直前まで、Standard & Poor'sやMoody'sなどの主要な格付機関から投資適格の格付を与えられていました。このように、格付は、あくまで投資判断材料の一つという位置付けであるべきです。発行体の信用力は、企業のディスクロージャー資料や業界動向などをもとに、投資家自身で調査することが大切になってきます。

5 2 株式

　次に、株式を考えましょう。まずはステップ1の将来キャッシュフローに置き換えるところからです。株式を持つことで得られるキャッシュフローは何かというと、配当です。配当はいつまで支払われるかというと、債券のように満期があるわけではないので、特に期限はありません。つまり、株式を保有している限り、ずっと支払われ続けると考えることができます。株式のキャッシュフローを図にすると、以下のようになります（話を簡単にするために、年初に投資開始して、配当は年1回、年末に支払われるとします）。

■図4　株式のキャッシュフロー

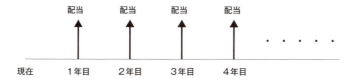

例えば、配当が毎年50円ずつ支払われるとすると、次の表のようになります。

■表3　株式の将来キャッシュフロー

	1年目	2年目	3年目	・・・
予想配当額	50円	50円	50円	・・・

このように、株式は、ずっと続く配当キャッシュフローの系列に置き換えて考えることができます。

次にステップ2、期待収益率を考えましょう。債券のところで、リスクの高い資産ほど期待収益率が高くなるという話をしました。これは、債券だけでなく、株式を含めあらゆる資産に当てはまる話です。

株式の場合、リスクの高い低いは、価格変動の激しさで決まると考えることができます。価格が激しく変動する銘柄ほど、投資の成果がぶれやすいので、リスクが高いということです。価格変動の激しさは業種や銘柄によって大きく異なります。例えば、食品・医薬品など景気にかかわらず安定した需要が見込める業種や、電力・ガス、鉄道などのインフラ系（いわゆるディフェンシブ銘柄）の業績は景気の影響を受けにくいため、株価の推移も安定していて、値動きはそんなに激しくはありません。一方、鉄鋼・化学などの素材産業や海運などの銘柄（いわゆるシクリカル銘柄）の業績は景気に大きく左右されるため、株価の値動きも大きい傾向があります。

このような、株式の値動きの激しさと期待収益率を結びつける理論として、**CAPM（Capital Asset Pricing Model：資本資産価格モデル）** と呼ばれるものがあります。CAPMでは、株価指数を基準にして、その何倍動くかで各銘柄のリスクを測ります。その倍率のことを**市場ベータ**と呼び、ギリシャ文字を使ってβと表記します。

株価指数とは、株式市場全体の動きを表す指数で、日本ではTOPIX（東証株価指数）、米国ではS&P500指数などが知られています。TOPIXは、東京証券取引所が公表しており、東京証券取引所第一部上場銘柄を対象として計算されています。また、S&P500指数は、スタンダード・アンド・プアーズ・ファイナンシャル・サービシズ・エルエルシーが公表している指数で、ニューヨーク証券取引所及びNASDAQに上場している株式から主要な500銘柄を選択し、指数を構成しています。これらの株価指数は株式市場の動きを非常によく表しているので、株式市場全体の動きを表すものとして計算に使うことができます。株価指数の日々の動きは経済ニュースなどで必ず取り上げられるので、ご存知の方も多いでしょう。

　CAPMに基づく株式の期待収益率の計算手順を説明しましょう。計算には株価指数の期待収益率を使うのですが、その際、無リスク金利を差し引いて考えます。なぜならば、無リスク金利はリスクを取らずに稼ぐことができるはずなので、株価変動リスクの対価としての期待収益率を計算する上では、無リスク金利を控除して考える必要があるからです。式で表すと、以下のようになります。

$$期待収益率 － 無リスク金利 = \beta \times (株価指数の期待収益率 － 無リスク金利)$$

　つまり、投資対象の株式が株価指数のβ倍動く（価格変動のリスクがβ倍）なら、β倍の収益率を期待するということです。左辺が期待収益率だけの方がわかりやすいでしょうから、無リスク金利の項を右辺に移動させてしまいましょう。すると、全く同じ意味の式ですが、次のようになります。

$$期待収益率 = \beta \times (株価指数の期待収益率 － 無リスク金利) + 無リスク金利$$

例えば、βが1.5で、TOPIXの期待収益率が5％、無リスク金利が0.5％だったとしましょう。その場合の期待収益率は、

　　期待収益率 ＝ 1.5 ×（5％ － 0.5％）＋ 0.5％ ＝ 7.25％

となります。

　ここからは余談になりますが、このβという概念は、ファイナンス理論において非常に重要な意味を持ちます。ファイナンス理論では、株などの価格の動きを、「市場全体に連動している部分」と、「その証券特有の理由で動いている部分」に分けて考えます。そして、「市場全体に連動している部分」の動きの大きさを表すのがβなのです。この考え方は、ファイナンス理論のいたるところで出てくるので、覚えておくといいでしょう。

　例えば、株式市場では非常に多くの銘柄が取引されていますが、それぞれはてんでバラバラに動いているのではなく、ある程度市場に連動して動いています。なぜそうなるかは一言では言えませんが、多くの銘柄をひとまとまりとみなして取引を行う投資家が相当数いるから、と考えるとわかりやすいと思います。

　例えば、日経平均連動型上場投資信託というものがあります。これは、日経平均株価のリターン（収益）と連動したリターンを上げることを目的とした投資信託です。日経平均株価は、日本を代表する225銘柄の株価を平均することで計算されています。そこで、投資信託のリターンを日経平均のリターンと連動させるためには、225銘柄を同じ金額（投資信託の残高×225分の1）ずつ保有すればよいということになります。投資信託の残高が225億円だとすると、225銘柄をそれぞれ1億円ずつ保有すればよいということです。そうすれば、投資信託と日経平均株価の動きが一致するわけです。

※ 実際の日経平均株価は、株式分割等の影響を考慮するための調整がなされているため、計算はもっと複雑になりますが、ここでは話を単純化しています。

　投資家がこの投資信託を購入した場合、購入資金は他の購入者の資金と合算されて、日経平均株価を構成する225銘柄を新たに購入するのに使われます。つまり、225銘柄に一斉に買いが入るわけです。逆に、誰かがこの投資信託を売った場合は、225銘柄に一斉に売りが入ることになります。このような類の取引は、市場では頻繁に行われています。実際、私がメガバンク時代に所属していた株式運用デスクでは、日経平均連動型上場投資信託を何百億円という単位で日々売り買いしていました。

　日経平均に限らず、金融の世界では様々な株価指数が存在します。また、株式だけでなく、債券などの他の資産にも、市場全体の動きを示す指数が公表されています。日本では、株式の場合は日経平均株価やTOPIX、債券の場合はNOMURA-BPI（野村證券が公表している、日本の公募債市場全体の動きを表す指数）などが有名です。そして、そのような指数の騰落と連動した収益を上げるように設計された投資信託のことを、指数連動型投資信託といいます。なぜ指数に連動させるかというと、個別の銘柄に比べて極端な値動きが少ないからです。株式も債券も同じことですが、一つ一つの銘柄は、その銘柄の財務状況の変化やニュースリリースなどによって、価格が大きく変動することがあります。一方、指数は多数の銘柄の平均的な動きを表しているため、一つ一つの銘柄の影響が薄められていて、極端な値動きが相対的に少ないと言えます。投資家にとって最も恐れるべきことの一つは、予期せぬ大きな損失を被ってしまうことです。個別銘柄への投資に比べて、指数に連動した投資はそのようなリスクが低いと言えるわけです。実際に、指数連動型投資信託は、投資家からの資金を多くの銘柄に分散して投資します。そうすれば、個々の銘柄における騰落のインパクトが薄められるため、全体としての収益は安定します。このような効果を**分散効果**と呼び、分散効果を狙って多くの資産クラスや銘柄に投資することを**分散投資**といいます。

分散投資は、投資戦略における基本中の基本です。そして、指数連動型の投資手法は、分散投資を行う上で最もよく用いられるものです。このような背景から、金融の世界では、非常に多くの銘柄をひとまとまりと考えて、同時に売ったり買ったりすることが多いのです。そのため、異なる銘柄同士の動きが連動してくるわけです。

　とはいうものの、全ての銘柄の動きが完全に同じになるということはあり得ません。それぞれの企業によって業績や成長性などが異なるので、完全に同じにならないのは当然のことです。そのため、株価の動きは「市場全体に連動している部分」だけでなく、「その銘柄特有の理由（個社の業績、成長性等々）で動いている部分」も存在します。

　ここで、不思議に思われた方もいらっしゃるでしょう。βは、「市場全体に連動している部分」の動きの大きさを表すという話をしました。けれども、「その銘柄特有の理由で動いている部分」については、期待収益率の計算では考慮していません。一般に、投資のリスクが高いほど期待収益率も高いという話をしましたが、その文脈でいけば、「その銘柄特有の理由で動いている部分」も価格変動のリスクと言えるので、その分だけ期待収益率を上げるべきではないでしょうか？

　この点は非常に面白い部分なのですが、ファイナンス理論では、リスクが高い投資ほど期待収益率も高いというのが大原則ではありますが、リスクならば何でもいいというわけではありません。期待収益率向上に繋がるリスクと、そうでないリスクがあるのです。

　市場に連動する動きに由来する価格変動リスクのことを「**市場リスク**」と呼びます。一方、その銘柄特有の理由に由来する価格変動リスクのことを「**個別リスク**」と呼びます。ファイナンス理論では、収益の源泉となりうる

のは市場リスクのみであり、個別リスクは収益の源泉となりえないと考えます。この点については、「ポートフォリオ理論」の章で詳しくお話しします。

β という概念は、資産運用の実務においても非常に重要です。私は、かつてヘッジファンドに勤めていましたが、その当時運用していたファンドの中に、β の大きさを市場環境に合わせて変動させる※ものがありました。例えば、株式市場が下落トレンドに入ったときは β を小さくし、逆に上昇トレンドに入ったときは β を大きくします。ファンドのリターンは市場の β 倍と考えると、株式市場が上昇トレンドの時に β を大きくすれば、その分ファンドの利益が大きくなります。逆に、株式市場が下落トレンドの時に β を小さくすれば、損失を抑えることができるわけです。このように、β は運用戦略を構築する上でもキーとなる概念です。

※ 詳細は割愛しますが、先物契約というものを活用して β を変動させていました。

余談はここまでにして、話を戻しましょう。期待収益率の計算方法がわかったところで、いよいよ公正価値の計算です。ここで問題なのは、債券と違い、株式配当の将来キャッシュフローは際限なく続いていることです。したがって、公正価値を式で表すと、以下のようになります。

$$\text{株式の公正価値} = \frac{1\text{年目の配当}}{(1+\text{期待収益率})^1} + \frac{2\text{年目の配当}}{(1+\text{期待収益率})^2} + \frac{3\text{年目の配当}}{(1+\text{期待収益率})^3} + \cdots$$

キャッシュフローが際限なく続くので、1本1本のキャッシュフローの割引現在価値を計算して足し合わせるという作業を繰り返しても、永遠に計算が終わりません。しかし、1年目の配当、2年目の配当、3年目の配当、そしてその後の配当が全て同じ金額の場合は、高校で習う等比数列の公式を使って簡単に計算することができます。

具体的には、株式の公正価値は以下のようになることがわかります。

$$株式の公正価値 = \frac{来期の予想配当額}{期待収益率}$$

例えば、予想配当額が50円、期待収益率が7.25％の場合、株式の公正価値は以下のように690円となります。

$$株式の公正価値 = \frac{50円}{7.25\%} = 690円$$

実際には配当がずっと同額ということはなくて、設備投資などによって事業規模が拡大し、年々増えていくと考える方が自然でしょう。そのようにキャッシュフローが成長していく場合は、成長率を公正価値の計算に考慮する必要があり、以下のような式になります。

$$株式の公正価値（配当が増えていく場合） = \frac{来期の予想配当額}{期待収益率 - 配当成長率}$$

例えば、期待収益率が7.25％、来期の予想配当額が50円で、その後配当額が毎年2％ずつ増加していくと考えましょう。すると、公正価値は以下のように952円となります。

$$株式の公正価値（配当が増えていく場合） = \frac{50円}{7.25\% - 2\%} = 952円$$

公正価値が、先ほどの690円よりも高くなりました。配当額が増えていく場合は、その分株式の価値も上がるということです。以上のように、配当額が不変か、一定の割合で増えていくケースでは、簡単な公式を使って公正価値を計算することができます。

5|3| 不動産

　不動産の評価額も、株式と同じような方法で計算することができます。不動産も株式と同様に、"満期"というものがありません。そのため、将来キャッシュフローが際限なく続く場合の公式が使えます。不動産の場合、将来キャッシュフローは何かというと、不動産投資の純利益です。純利益とは、例えばマンションの場合なら、家賃収入から管理費などのコストを引いた、純粋な儲けの部分のことです。期待収益率は、不動産投資の世界では**キャップレート**と呼ばれています。これは英語のCapitalization rateを略したもので、還元利回りとも呼ばれます。不動産評価額は、純利益とキャップレートを用いて以下のように計算できます。

$$不動産評価額 = \frac{純利益}{キャップレート}$$

　例えば、年間１億円の純利益が見込めて、キャップレートが７％の不動産の評価額は、以下の通り14.3億円となります。

$$不動産評価額 = \frac{1億円}{7\%} = 14.3億円$$

　計算に用いるキャップレートの水準を決める際は、すでに市場に出回っている、似たような条件の他の物件と比較します。例えば、築年数や駅までの距離等の条件が似ていて、年間の純利益が推定2.5億円のマンションが33.8億円で売られていたとすると、そのマンションのキャップレートは2.5億円÷33.8億円＝7.4％と逆算できます。そのようにして、似たような条件の複数の物件のキャップレートを逆算して、それらの値を参考にしてキャップレートの水準を決めるのです。

5|4| 企業

株や債券だけでなく、企業そのものの価値についても同様の発想で求めることができます。まずは、企業価値をDCF法によって求める手順を見てみましょう。

ステップ1（将来キャッシュフロー）から考えます。企業が生み出す将来キャッシュフローのことを、**フリーキャッシュフロー**といいます。英語（Free Cash Flow）の頭文字を取って、FCFと書かれることもあります。フリーキャッシュフローは、企業が営業活動により生み出したキャッシュフローから、現在の事業を維持するために必要な投資キャッシュフローを差し引くことで求めるもので、企業が自由に使えるお金を表しています。フリーキャッシュフローは、財務諸表の数値を使って、以下のように求めることができます。

フリーキャッシュフロー
= 営業利益 × （1 − 法人税率） + 減価償却費 − 設備投資
− 運転資本の増加額

企業が営業活動により生み出したお金を考えるので、営業利益の数字がまず必要です。けれども、営業利益の数字がキャッシュフローそのものを表しているわけではないので、そのままでは使えません。まず、法人税や設備投資は必要経費なので、差し引く必要があります。逆に、減価償却費は、今稼働している設備がだんだん古くなって価値を失っていく効果を会計上反映したもので、実際の資金の出入りではありません。営業利益は減価償却費を控除した上で計算されているので、キャッシュフローを考える際は足し戻す必要があります。

また、運転資本についても考える必要があります。運転資本とは、企業が

ビジネスを続けていくために必要な"つなぎ資金"のことで、財務諸表の「売上債権」、「棚卸資産」、「仕入債務」という３つの勘定科目を使って次のように表されます。

　　運転資本 ＝ 売上債権 ＋ 棚卸資産 － 仕入債務

　それぞれの勘定科目について順に説明していきましょう。企業は通常、「（原材料等の）仕入れ→製造・在庫→販売」というサイクルで営業を回しています。そして、商品の販売によって得た収入を次のサイクルの仕入代金に回すことで、営業サイクルが回っていく仕組みです。ただし、企業の取引は規模が大きいので、商品やサービスを売買するとき、その場で現金で支払を済ませるということはめったにありません。契約だけ先に結んで、支払は何か月か遅れた所定の期日に行われることが一般的です。いわば、"ツケ"にしておくわけです。

　売上債権とは、商品を販売することで得た収入のうち、まだ入金されていない分です。つまり、売上代金の"ツケ"がどれだけあるかを表しています。自分たちが買う（仕入れる）側でも、同じように"ツケ"で契約を結びます。つまり、仕入先と購入契約を先に結んで、代金は後から支払うようにします。もちろん、いくらがツケになっているかなんて、いちいち覚えていられません。そこで、自分たちが仕入先に支払わなければならない"ツケ"の総額を、仕入債務という勘定科目に計上します。また、「製造・在庫」のプロセスにあるもの、つまり、まだ売れておらず在庫となっている商品や、倉庫に保管されている原材料などは、棚卸資産という勘定科目に入ります。これらは、近いうちに商品として売られてお金に変わるはずのものです。

　運転資本の式を見てみましょう。「売上債権＋棚卸資産」は、売上の"ツケ"（売上債権）と、もうすぐお金に変わるもの（棚卸資産）の合計ですね。つまり、近いうちに入金されるはずだけど、まだ手元にないお金を表してい

ます。営業サイクルはずっと続いているので、今月支払わなければならない仕入代金も当然あります。それらは、売上による収入から支払われるべきものですが、「売上債権＋棚卸資産」の分はまだ手元に入ってきていないので、今月の支払には使えません。そのため、別にお金を用意しておく必要があります。逆に、仕入債務は、近いうちに支払わなければならないけど、今月はまだ支払わなくてよい金額です。つまり、仕入債務の分は、今月用意すべきお金からは引いて考えることができます。

　まとめると、営業サイクルを回すためには、「売上債権＋棚卸資産－仕入債務」に相当する金額の"つなぎ資金"を、営業サイクルの外から（つまり現預金などから）持ってくる必要があります。それが、運転資本です。

　売上債権、棚卸資産、仕入債務の金額は時期によって変わってくるので、運転資本の額も時期によって変わります。運転資本の額が増えた場合、増加分は手元にあるお金（現預金）から充当する必要があります。つまり、その分、自由に使えるお金であるフリーキャッシュフローが減ってしまうことになります。逆に運転資本の額が減った場合は、余った分の資金は自由に使えるということなので、フリーキャッシュフローに加えられます。運転資本が増加すればフリーキャッシュフローはその分減少する、運転資本が減少すればフリーキャッシュフローはその分増加するということです。そのため、フリーキャッシュフローからは「運転資本の増加額」が引かれているのです。

　少しややこしかったですが、このようにして計算されるフリーキャッシュフローが、企業が生み出す将来キャッシュフローということになります。

　次に、ステップ２（期待収益率）を考えます。企業が投資家から求められる期待収益率を考えるときは、２種類の投資家がいることを頭に入れなければなりません。１つは株主、もう１つは債権者です。企業が資金調達をするときは、負債と株式を組み合わせて行います。

債権者と株主は、企業に対してそれぞれ異なる期待収益率を要求します。なぜならば、負債と株式では、投資家が抱えるリスクが異なるからです。すでに学んだように、株式は、将来の予想配当金額によって価格が決まってきます。そのため、企業業績や新商品の売れ行きなどのニュースによって価格が大きく変動していきます。企業の業績が予想を超えて拡大を続けた場合は、株価の上昇という形で恩恵を受けることができます。一方、企業が破綻してしまえば株式は紙くずになりますが、自分が投資した金額以上に損をするということはありません。つまり、損失は限定されている一方で、上は青天井なわけです。そのため、株主は一般に、企業が積極的にリスクを取って事業拡大を目指す経営、いわば"攻めの経営"を行うことを望みます。

　一方、債権者（融資の出し手や債券の購入者）の側は、株式のようなアップサイドはありません。貸した金額以上のお金を返してもらえるということはあり得ないので、たとえ企業の業績が予想を超えて拡大しても、それで債権者の儲けが増えるということはないからです。一方、企業が経営に失敗して倒産してしまえば、貸したお金が返ってこなくなり、大きな損失となります。そのため、債権者は、企業が無茶をせずに堅実な経営を行い、貸したお金をきちんと返してくれることを望みます。

　まとめると、債権者と株主は、共に企業への資金提供者ではありますが、その本質は全く異なるということです。そのため、企業に対して要求する収益率も、異なった水準になります。

　企業評価においては、株主が要求する期待収益率のことを「株主資本コスト」、債権者が要求する期待収益率のことを「負債コスト」と呼びます。資金調達する側の企業にとっては、株主が要求する期待収益率は、株式発行によって資金調達する際のコストと考えることができます。同様に、債権者が要求する期待収益率は、借入や債券発行によって資金調達する際のコストと

考えることができます。そのため、このようなネーミングになっているわけです。

株主資本コストは、要は株の投資家が期待する収益率ですので、すでに説明したようにCAPM（資本資産価格モデル）を使って計算することができます（5.2参照）。負債コストは、今後借り入れを行う場合の借入金利に相当しますが、実務上は、過去の借入金利で代用することが多いです。

さて、私たちが知りたいのは、株式・負債それぞれの期待収益率ではなく、企業全体の期待収益率です。下図のように、企業のバランスシートの右側は株式と負債を組み合わせて作られていますが、何割が株式で、何割が負債なのかは企業によって違います。そのため、企業全体の期待収益率を考えるときは、株式・負債の比率を考慮しなければなりません。

■図5　バランスシート

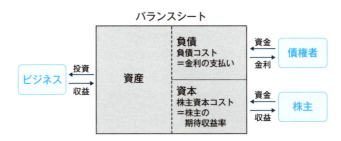

株主の収益とは、配当金や株価の上昇で得られる利益のこと

そのためには、加重平均という計算方法を使って、株主資本コストと負債コストを合体させます。加重平均とは、比率が大きい側に大きなウェイトを置いて平均を取る計算方法です。例えば、株式と負債の調達比率が、株式：負債 ＝ 1：3の時は、株主資本コストに1/4、負債コストに3/4という掛け目を掛けた上で足し合わせた値が加重平均になります。この場合、資金を

主に負債で調達しているので、負債コストをより優先して考慮するということです。このように、株式・負債の比率で加重平均を取れば、企業の資金調達手段の特徴を自然と反映することができます。

準備ができましたので、企業全体の期待収益率をどうやって計算するかを見ていきましょう。企業全体の期待収益率は、WACCと呼ばれています。これは、Weighted Average Cost of Capitalの頭文字を取ったもので、ビジネスに必要な資金（Capital）を取得するのに必要な加重平均コスト（Weighted Average Cost）という意味です。具体的なWACCの計算式は、以下のようになります。

$$\text{WACC} = \frac{\text{有利子負債}}{\text{有利子負債}+\text{株主資本}} (1-\text{実効税率}) \times \text{負債コスト}$$
$$+ \frac{\text{株主資本}}{\text{有利子負債}+\text{株主資本}} \times \text{株主資本コスト}$$

この式を理解するために、各要素について説明しましょう。$\frac{\text{有利子負債}}{\text{有利子負債}+\text{株主資本}}$ は、調達金額全体のうち、負債が何割を占めているかを表しています。また、$\frac{\text{株主資本}}{\text{有利子負債}+\text{株主資本}}$ は、調達金額全体のうち、株主資本が何割を占めているかを示しています。要するに、この部分は、株式と負債の調達比率を表しているということです。つまり、この式は、負債コストと株主資本コストを、株式と負債の調達比率で加重平均していることになります。

負債コストに（1－実効税率）が掛けられているのは、**有利子負債の節税効果（Tax Shield）**を考慮したものです。支払金利は経費として計上できるため、法人税がその分安くなります。つまり、一旦は金利として支払うものの、その金額の一部は、法人税の減額という形で戻ってくるということです。例えば、支払金利（負債コスト）が8％、実効税率が40％だったとすると、支払った金利のうち40％分は節税効果で戻ってくるので、節税効果

考慮後の金利は8％×（1－40％）＝4.8％となります。WACCの式の「（1－実効税率）×負債コスト」の部分は、節税効果考慮後の金利を表しているのです。

それでは、ステップ3（割引現在価値の計算）に移りましょう。実際に企業価値を推定するときは、企業の将来のフリーキャッシュフローを予測して、それをWACCで割り引けばよいということになります。とは言っても、50年後、100年後の企業のフリーキャッシュフローを予測するのは実務上困難なので、実際は一定の予測期間を定めて、その後はフリーキャッシュフローが一定の割合で成長していくなどの仮定を置いて計算します。

例として、次のような場合を考えてみましょう。予測期間を5年間と定めて、A社の各年のフリーキャッシュフローを以下のように推定しました。そして6年目以降は、フリーキャッシュフローが年率5％で成長していくと考えます。WACCは15％とします。

■表4　A社のフリーキャッシュフロー予想

（単位：百万円）

	1年目	2年目	3年目	4年目	5年目
FCF	50	100	120	90	130

※6年目以降は、FCFが年率5％で成長すると仮定

図にすると、次のようになります。

■図6　A社のフリーキャッシュフロー予想

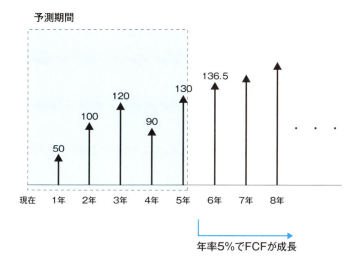

　企業価値を計算するためには、5年目までのフリーキャッシュフローの現在価値だけでなく、その後のフリーキャッシュフローの現在価値も考慮しなければなりません。予測期間以降のフリーキャッシュフローの現在価値のことを、継続価値と呼びます。この例の場合は、6年目以降のビジネスが生み出す価値のことです。継続価値を求めるには、株式の公正価値（5-2参照）を求めるときに使った、永久にキャッシュフローが続く際の式を使います。キャッシュフローを、「期待収益率 − キャッシュフローの成長率」で割ればいいのでした。このとき、分子のキャッシュフローには、予測期間の翌年のフリーキャッシュフローを入れます。この例で言うと、6年目のフリーキャッシュフローです。5年目を過ぎると、フリーキャッシュフローは年率5％で成長すると仮定されているので、6年目のフリーキャッシュフローは136.5百万円（＝130百万円×1.05）です。つまり、継続価値は次のようになります。

$$継続価値 = \frac{予測期間の翌年のフリーキャッシュフロー}{WACC-キャッシュフローの成長率}$$

$$= \frac{136.5}{15\%-5\%} = 1,365百万円$$

したがって、企業価値は以下のように計算できます。

$$企業価値 = \frac{50}{(1+15\%)^1} + \frac{100}{(1+15\%)^2} + \frac{120}{(1+15\%)^3} + \frac{90}{(1+15\%)^4} + \frac{130}{(1+15\%)^5} + \frac{1365}{(1+15\%)^5}$$

一番右の項は、先ほど求めた継続価値の1,365百万円です。ただし、継続価値は予測期間以降に発生するものなので、今すぐ手に入るお金と比べて価値を小さく見積もらなければなりません。この例の場合は、予測期間の5年間が経過した以降に継続価値が発生するため、$(1+15\%)^5$で割り引いています。

この計算は一見ややこしいように見えますが、エクセルを使えば簡単に求めることができます。答えは、次のようになります。

企業価値 = 993百万円

これで企業価値が求まりました。一点、注意しておくべきことがあります。実は、この企業価値の構成を見てみると、継続価値がかなりのウェイトを占めていることがわかります。実際、継続価値の部分だけ抜き出してみると

$$\frac{1365}{(1+15\%)^5} = 679百万円$$

となり、実に企業価値の68%（679÷993）が継続価値で決まっていることになります。もちろん、常にそうなるというわけではありませんが、一般に継続価値の推定は企業価値の推定に大きな影響を与えることが多いので、慎重な取り扱いが必要となります。どうせ仮定の数字だからと言って適当にやってしまうと、自分で自分の首を絞めることになりかねないので、前提についてはよく検討した方が良いでしょう。

5.5 プロジェクト

次は、企業があるプロジェクトへの投資可否を判断する際に使われている方法について見ていきましょう。あるプロジェクトを実行に移す際は、必ず何らかの初期投資が必要になります。例えば、新商品を世に出すためには、工場に製造ラインを導入する費用や、人件費、広告宣伝費などがかかります。それらの初期投資は、プロジェクトが将来生み出す収益によって回収することが期待されています。つまり、企業のプロジェクトも、株や債券への投資と同じように、将来キャッシュフローによって投資金額を回収し、利益を得る仕組みになっているということです。

投資は、手元の現金で将来キャッシュフローを購入する行為と考えることができます。株や債券などの投資対象は、ファイナンス理論では将来キャッシュフローの系列に置き換えて考えるのでした。つまり、株や債券を購入するということは、それらが生み出す将来キャッシュフローを購入していることと同義なわけです。プロジェクトへの投資も同様で、プロジェクトが生み出す将来キャッシュフローを手元の現金で購入することに他なりません。そのため、プロジェクトの価値も、今までと同様にDCF法によって評価することができます。

具体的には、NPV法とIRR法という2つの方法がよく使われています。まず、NPV法から見ていきましょう。

① NPV法

　最初はNPV法について説明します。これは、正式には**ネット・プレゼント・バリュー法（正味現在価値法）**と呼ばれ、英語表記「Net Present Value」の頭文字を取って**NPV法**と略されます。NPV法は、「①プロジェクトが生み出す将来キャッシュフローの割引現在価値」と、「②プロジェクトを立ち上げるのに必要な初期投資額」を比較する方法です。①が②を上回っている（プロジェクトが初期投資額以上の価値を生み出すと見込まれる）場合には投資可、①が②を下回る（プロジェクトが初期投資額以上の価値を生み出すことができない）場合は投資不可と考えます。

　ステップ1として、そのプロジェクトが生み出す将来キャッシュフローを予測します。例えば、新商品に関するプロジェクトであるならば、その商品の売り上げ予想などをもとに、そのプロジェクトがどれくらいのお金を生み出すことができるか予測を立てるわけです。

　次に、ステップ2を考えます。割引現在価値の計算に用いる期待収益率は、NPV法では**ハードルレート**と呼ばれます。投資可否の分かれ目となるハードルという意味です。ハードルレートの水準は、基本的には経営者やプロジェクトオーナーが個々に判断して決めるものですが、企業全体の期待収益率であるWACCを意識して決定する必要があります。なぜならば、ビジネス全体としてWACC以上の収益率を実現しないと、投資家の期待に応えられないことになるからです。そして、プロジェクト自体が持つリスクも考慮すべき重要な要素です。そのプロジェクトが「ハイリスク・ハイリターン」なものならばハードルレートを高く、「ローリスク・ローリターン」なら低く設定するのが妥当でしょう。

　準備ができたところで、ステップ3に移りましょう。ここでは具体例を考えてみます。あるプロジェクトXは、期間が3年間で、初期投資に200百万

円かかるとします。そして、将来キャッシュフローは下表のように推定されています。ハードルレートは10%とします。このプロジェクトの投資可否を判断してみましょう。

■表5　プロジェクトXの将来キャッシュフロー予想

(単位：百万円)

	1年目	2年目	3年目
将来キャッシュフロー	55	80	100

プロジェクトが生み出す将来キャッシュフローの割引現在価値を計算すると、

$$割引現在価値 = \frac{55}{(1+10\%)^1} + \frac{80}{(1+10\%)^2} + \frac{100}{(1+10\%)^3}$$
$$= 191百万円$$

となります。次に、プロジェクトのNPV（正味現在価値）を計算します。NPVは、この投資の正味の価値を表しており、プロジェクトが生み出す将来キャッシュフローの割引現在価値の合計から、初期投資費用を引き算することで求められます。この例の場合だと、NPVは、

$$NPV = 191 - 200 = -9$$

となり、マイナスになってしまいます。この数字が意味しているのは、「このプロジェクトの将来キャッシュフローは191百万円の価値しかないのに、その将来キャッシュフローを購入するのに200百万円もかかる。だから、買ったら（プロジェクトを採用したら）損をするぞ」ということです。

したがって、NPVがマイナスの場合、この投資は行うべきではないとい

うことになります。逆に、NPVがプラスの場合は、将来キャッシュフローを割安に（本来の価値より安い価格で）購入できるということなので、そのプロジェクトは採用すべきということになります。ちなみに、これらの計算を行うのに電卓を用いる必要はありません。エクセルのXNPV関数を使えば、NPVを簡単に計算することができます。

ここで注意して欲しいのは、将来キャッシュフローの単純な合計値は235百万円（＝55＋80＋100）で、金額的には初期投資を回収できているという点です。企業は、投資家のお金（株主資本＋負債）でビジネスを行っている以上、お金を提供してくれている投資家たちの期待する収益率を実現しなければなりません。そのためには、お金を効率的に増やしていく必要があります。いくら初期投資を回収できたとしても、収益率がハードルレートを下回っていれば、投資家を満足させることはできないのです。会社全体として効率よく稼ぐためには、収益率の低いプロジェクトは採用すべきではありません。そのため、ハードルレートを設定し、ハードルレートを上回る収益率を実現できないプロジェクトは切り捨てていくという発想をとるのです。

② IRR法

NPV法と同じく広く使われている方法に、**IRR法**があります。英語の「Internal Rate of Return」の頭文字を取ったもので、日本語では**内部収益率法**と呼ばれます。この方法は、プロジェクトのNPV（正味現在価値）がちょうどゼロになるような収益率を逆算するというものです。つまり、初期投資額とプロジェクトの価値（将来キャッシュフローの割引現在価値）がちょうど均衡するような収益率を求める方法です。

NPV法の説明で用いたプロジェクトの例を考えてみましょう。キャッシュフローは、図7のようになっていました。初期投資は出金になるので、マイナスで表現しています。

■図7　プロジェクトXのキャッシュフロー

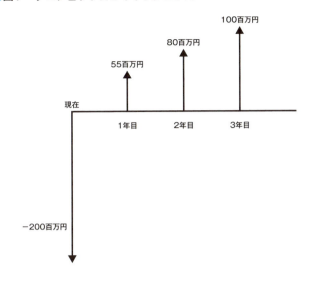

ここで、NPVがゼロになる内部収益率（IRR）の値を求めるには、以下の方程式を解く必要があります。

$$-200 + \frac{55}{(1+\text{IRR})^1} + \frac{80}{(1+\text{IRR})^2} + \frac{100}{(1+\text{IRR})^3} = 0$$

この方程式を手計算や電卓で解くのは難しいですが、エクセルのXIRR関数を使えば、IRRの値を簡単に求めることができます。実際にエクセルで解いてみると、IRRは7.7％となります。これは、このプロジェクトのハードルレートが7.7％以下であれば採算が取れるということを意味しています。

少し抽象的でわかりにくいので、具体的なイメージを持ってもらうために、銀行預金と対比させて考えてみましょう。IRRが7.7％のプロジェクトに投資するということは、お金を預金金利7.7％の銀行口座に預けるのと同じとみなせます。預金金利7.7％の銀行口座にまず200百万円を預け、1年目に55百

万円を引き出し、2年目に80百万円を引き出し、3年目に100百万円を引き出すと、ちょうど口座残高がゼロになります。この場合、200百万円の預入に対し、正味で235百万円を引き出しているのですが、うち35百万円は預けている期間中に利息で増えたお金に相当します。

　プロジェクトも、銀行預金と同じようなものだと考えることができます。初期投資は、銀行口座への預入に相当します。そして、プロジェクトからの収益は、銀行口座からの引出に相当します。IRR法は、プロジェクトのキャッシュフローを銀行口座への預入・引出と考え、最終時点で口座残高がゼロになるような預金金利を計算しているということになります。預け入れたお金に比べて引き出せるお金が多いほど、収益率が高いプロジェクトと判断されるわけです。

　プロジェクトへの投資可否は、基本的にはIRRとWACCを比較することで判断します。つまり、IRRがWACCより高ければゴーサイン、低ければ投資不可ということです。

6 将来キャッシュフローが状況によって変化する場合

　今までは、将来キャッシュフローが比較的単純なものを扱ってきました。けれども、金融商品の中には、将来キャッシュフローが状況に応じて複雑に変化するものもあります。

　そのような金融商品の例としては、住宅ローン担保証券（MBS：Mortgage-Backed Securities）が挙げられます。MBSは、住宅ローンの債権（お金を返してもらう権利）を小分けにして売っているものです。住宅ローンには金利がついているので、債務者は最終的に借りた金額よりも多くのお金を債権者に支払い、それが債権者の儲けになります。一方で、ごく一部ではありますが、ローンが支払えずに自己破産する人も出てくるため、債権者はリスクも抱えていることになります。そこで債権者は、自分が保有している債権をMBSと呼ばれるチケットに小分けにし、手数料を上乗せして不特定多数の投資家に販売します。そうすることで、もとの債権者側から見れば、MBSとして売った分の債権は他の投資家に移転され、代わりに売却代金が入ってくるので、リスクがなくなる上に、手数料も儲かるわけです。一方で、MBSを購入した投資家は、住宅ローン債権から得られる利益を自分のモノにできます。

　MBSの将来キャッシュフローがなぜ複雑かというと、住宅ローン金利の動向に応じて借り換えが起こるからです。金利が低下すると、多くの人が住宅ローンを一括返済して、より低い金利で借り換えを行います。ということは、金利が高いときに組成されたMBSは、その後金利が低くなると、借り換えによって残高がどんどん減っていくことになります。将来キャッシュフローで考えると、本来はもっと後で発生するはずだった償還のキャッシュフローが急に前倒しになるということです。このように、MBSの将来キャッ

シュフローは、将来の金利の動向に応じて変わっていくので、単純な方法で公正価値を求めることが難しいのです。

　そこで登場するのが、**モンテカルロ法**と呼ばれる技術です。モンテカルロ法は、コンピューター上で様々な経済状態を何通りもシミュレーションして、それぞれの経済シナリオにおけるMBSの公正価値を計算し、それらの平均値をとることで最終的な公正価値を求める方法です。「金利が来年は１％上がって、再来年はさらに0.5％上がったとしたら」、「金利が来年は0.2％下がって、再来年は1.3％上がったとしたら」などと無数の経済シナリオをコンピューターの中で作り出し、それぞれの経済シナリオにおけるMBSの将来キャッシュフローを推計した上でDCF法で公正価値を計算し、最後に各経済シナリオにおける公正価値の平均を取り、その平均値を最終的な公正価値とみなします。

　モンテカルロ法は、どんなに複雑な将来キャッシュフローを持つ金融商品についても公正価値を求めることができる、非常に強力な方法です。MBSは金利の動向によって将来キャッシュフローが変わるものですが、株価の動向によって将来キャッシュフローが変わるような金融商品もあります。その場合は、株価の今後の推移について様々なシナリオをコンピューターの中で作り出すことになります。

　モンテカルロ法は便利ではありますが、金利や株価をどのような規則にしたがって動かしていくかなど、かなり複雑な前提を置かなければなりません。また、コンピューター上で発生させる経済シナリオの数が少なすぎたり、実際に起こる可能性のある様々な経済状態を十分にカバーできていない場合は、結果が偏ったものになる可能性もありますので、前提条件と合わせて十分なチェックが必要です。

7　将来キャッシュフローの推定自体がそもそも難しい場合

　DCF法について紹介してきましたが、この方法も万能ではなく、DCF法が使えない場合もあります。どういうときかと言うと、将来キャッシュフローがうまく推定できないときです。例えば、株式の配当額をしょっちゅう変更する企業もあります。その場合は、将来の配当額が予測しづらいので、DCF法は向いていないと言えます。

　そのような場合には、**マルチプル法**という、より単純な方法で割高・割安を判断することがよく行われます。マルチプル法は、DCF法のように公正価値を求めるのではなく、相対的な比較をもとに割高・割安を判断します。

　例えば株式の場合、よく使われるのは**株価収益率**です。これは、株価を企業の一株当たり当期純利益※で割ったもので、株価が純利益の何倍の価格で取引されているかを表しています。英語ではPrice Earnings Ratioと表記するので、その頭文字を取ってPERとも呼ばれます。

※　一株当たり当期純利益とは、普通株式に係る当期純利益を普通株式の期中平均株式数で割ったもの。

$$PER = \frac{株価}{一株当たり当期純利益}$$

　PERの低い銘柄は、企業が高い収益を上げているのに株価に反映されていない、つまり、割安と考えることができます。逆にPERが高い銘柄は、収益のわりに株が買われすぎている、つまり、割高ということになります。実際に投資判断に用いるときは、同業種の他銘柄と比較したり、その銘柄の過去のPERの水準と比較するなどして、相対的な割安・割高を判断するための材料とするわけです。このようにして、比率（マルチプル）を用いて判

断することから、マルチプル法と呼ばれています。

　他によく使われるものとしては、**株価純資産倍率**があります。これは、株価を財務会計上の一株当たり純資産※の額で割ったもので、英語表記Price Book-value Ratioの頭文字をとって**PBR**とも呼ばれます。

※　一株当たり純資産とは、普通株式に係る純資産を普通株式の期中平均株式数で割ったもの。

$$PBR = \frac{株価}{一株当たり純資産}$$

　PBRは、財務会計上の株主価値である純資産と比べて株価がどれくらい評価されているかを見ているので、PBRが高い銘柄ほど割高、低い銘柄ほど割安ということになります。

　マルチプル法は、株式以外の資産にも用いられています。例えばM&Aの世界では、**株価倍率法**が良く用いられます（**類似会社比較法**とも呼ばれます）。この方法では、企業価値と企業収益の比率を計算し、それを同業他社などの類似会社と比較することで割高・割安を判断します。

　比率としてよく用いられるものとしては、例えばEV/EBITDA倍率があります。EVとは企業価値（Enterprise Value）のことで、その企業を買収して完全に自分のものにする場合に、どれくらいのコストがかかるかを表しています。企業を買収して完全に自分のものにするには、まずは株式を全て買い占めなければなりません。そのためには、対象企業の株式時価総額と同じ金額を用意する必要があります。また、その企業が自分のものになるということは、その企業の借金（有利子負債）も自分が返済しなければならなくなるため、その分のお金も用意する必要があります。一方、企業が現預金を保有していた場合、そのお金は借金を返済するために使えるので、準備すべき金額から差し引くことができます。結果として、EVは以下のように計算

することができます。

　　EV ＝ 株式時価総額 ＋ 有利子負債 － 現預金

　ここで、現預金が引き算されていることに注意してください。企業経営論などで、「収益を投資に回さず現金を貯め込むのは良くない」という話を聞いたことがあると思いますが、この数式はそうやって理解するとわかりやすいでしょう。ろくに投資もせず現金を貯め込んでいる企業は、それだけ価値を低く評価されてしまうということです。

　日本企業の中には、企業価値を計算するとマイナスになってしまう企業も多くあります。時価総額が低く、有利子負債もほとんどなくて、かつ現預金を多く保有していれば、そういう計算結果が出てきます。では、そういった企業は無料で買える、あるいは、買うことで逆にお金を受け取れるのかというと、必ずしもそういうことにはなりません。

　実際の企業買収の際は、企業の理論的価値（EV）に買収プレミアムを上乗せして買収価格を決定します。これは、買収することで企業経営のコントロール権を握り、経営を改善することで得られる将来キャッシュフローの増加分の価値と考えることができます。あるいは、買う側の企業とのシナジー効果（お互いの強みを生かし、弱みを補い合うことによる相乗的な経営改善効果）によって、互いの将来キャッシュフローが増加する分の価値と考えることもできます。いずれにせよ、将来キャッシュフローの増加を期待してプレミアムを上乗せするわけです。したがって、EVの価格がそのまま買収価格になるわけではない点は注意してください。

　次にEBITDAですが、これは企業が稼ぐことができるお金の額を表しています。具体的には、法人税、負債の利息および減価償却費を控除する前の利益額、つまり、企業が営業活動によって生み出したキャッシュフローの金

額になります。当期利益は、法人税、支払利息、減価償却費を控除した上で計算されているので、これらを足し戻すことでEBITDAを計算できます。

　　EBITDA ＝ 当期利益 ＋ 法人税等 ＋ 支払利息 ＋ 減価償却費

　そして、EVをEBITDAで割ることで、EV/EBITDA比率を計算します。この比率は、企業価値が、営業活動により生み出されるキャッシュフローの何倍で評価されているかを表しています。M&Aを検討している人は、買収対象企業と類似企業のEV/EBITDA比率を比較して、買収対象企業が相対的に割高なのか、割安なのかを判断するわけです。

　このように、マルチプル法は、他の類似の投資対象との相対的な比較によって割高・割安を判断します。DCF法を用いて公正価値を求めることが難しいので、相対比較で対応するということです。

　マルチプル法は単純でわかりやすいのがメリットですが、表面的な数字だけを見て判断すると、誤った結論に達してしまう可能性があるので、注意が必要です。例えば、PERが相対的に低い銘柄を見つけたとしても、それだけで買いとは言えません。投資家の間でその銘柄の将来の成長性に疑義が生じて株価が下がり、それでPERが低くなっている可能性もあります。あるいは、本業の儲けを示す営業利益が赤字なのに、たまたま本業以外の臨時収入があったために当期純利益が上振れした場合は、PERは下がってしまいます（PERの分母は一株当たり当期純利益です）。その場合、本業で稼げていないということなので、PERが魅力的な数字だからという理由だけで買うのはリスキーと言えます。

　マルチプルの推移にも注意を払わなければなりません。例えば、純利益のぶれが大きい企業については、PERの値も年度ごとに大きくぶれる可能性が高いので、単年の値だけを見て投資判断を行うのは避けた方が無難でしょ

う。

　企業評価も同様です。EV/EBITDA倍率の分子であるEVの計算には、株式時価総額が使われています。株価に発行済株式数を掛ければ株式時価総額が求まりますが、株価にどの数字を使うかは、慎重に考えなければなりません。単に直近の値を使ってしまうと、直近の株価がたまたま高かったり、安かったりした場合には、EVの数値が大きく振れてしまいます。

　そのような問題に対処するには、直近の一定期間の平均株価を用いるという方法がありますが、どれくらいの期間の平均を取るかもよく考えなければなりません。例えば、単純に直近1年間の平均値を使ってしまっていいでしょうか？　それで問題ない場合もありますが、仮に半年前に新商品のリリースがあって、その後株価が大きく上昇していたとしましょう。その場合、直近1年間の平均値を使ってしまうと、新商品のリリースという重要な情報が反映されていない時期の株価も計算に含まれてしまうので、株価を実態よりも低めに見積もってしまうことになります。したがって、その見積額をもとにTOB（株式公開買付）を仕掛けても、投資家は誰も応じてくれないでしょう。実態を表さない数字をもとにマルチプルを計算すると、誤った判断に繋がりかねないということです。

8 まとめ

　以上のように、プライシング理論においては、資産を将来キャッシュフローの系列に置き換えることで公正価値を計算し、割高・割安を判断します。本章ではいくつかの資産について具体的な計算例を示しましたが、他の資産についても、基本的には同様の手順で公正価値を求めることができます。

　DCF法は幅広い応用が利く便利な手法ですが、期待収益率の値や継続価値の推計値に結果が大きく左右される側面もあるため、計算前提を丁寧に吟味し、場合によってはいくつかの異なる前提を用意して計算結果を比較するなどした方がよいでしょう。

　補足になりますが、プライシング理論において重要な位置を占めるものの一つとして、金融派生商品のプライシング理論があります。金融派生商品とは、株や債券などの伝統的な金融商品から派生的に生み出された金融商品のことです。株式コールオプションなどがその一例です。株式コールオプションは、基準となる株価（ストライク価格）を定めて、満期時点で実際の株価がそれを上回った場合、ストライク価格との差額分だけお金を支払うという契約です。例えば、ストライク価格19,000円の日経平均コールオプションで、オプション満期1年の場合、1年後の日経平均が22,000円になれば、差額の3,000円（22,000円 － 19,000円）が支払われます。一方、1年後の日経平均が18,000円など、ストライク価格を下回った場合は、1円も支払われません。このように、株式コールオプションは、株式マーケットから派生的に生まれた金融商品です。

　他にも様々な金融派生商品があるのですが、金融派生商品の公正価値を求めるためには、確率微分方程式などの高度な数学が必要になるため、本書で

は触れていません。けれども、将来キャッシュフローを推定し、割引現在価値を計算するという基本方針は同じです。

第 2 章

ポートフォリオ理論

どの資産に
どれだけ投資すれば
よいか？

1　資産の組み合わせを合理的に決める

　プライシング理論は、資産の公正価値を求めるための理論でした。市場価格（市場で実際に取引されている価格）と公正価値を比較すれば割高割安が判断でき、投資のタイミングを決めることができます。そういう意味で、プライシング理論はとても大切な理論なのですが、それだけでは投資を行うことはできません。なぜかというと、株、債券、不動産、為替などたくさんある投資対象の中からどれを選ぶべきか、また、どの資産にいくら投資すべきかについて、プライシング理論は教えてくれないからです。そういったことを教えてくれるのが、ポートフォリオ理論です。

「ポートフォリオ」という言葉は、もともとは書類を入れるケースを意味します。複数の書類をまとめて管理するための道具です。そこから派生して、ファイナンス理論における「ポートフォリオ」という言葉は、投資家が保有している現預金・株式・債券・不動産などの資産の一覧や、その構成比率（資産全体のうち株式が何割、債券が何割といった比率）を意味します。複数の書類を束ねるように、複数の資産を束ねているものというイメージです。このとき、株や債券だけを資産と考えるのではなく、銀行に預けているお金や手元の現金も、「現預金」という資産の一種だと考えます。

　世の中には様々な投資対象があります。例えば株式でも、トヨタ、三菱UFJフィナンシャル・グループ、商船三井などいろんな銘柄があるし、マイクロソフト、アップルなどの外国株式もあります。債券についても、米国債や日本国債、ソフトバンクの社債など様々なものがあります。これらの投資対象は、「株式」「債券」などの大きな資産のくくりにグループ分けされていて、そのような大きなくくりのことを**資産クラス**と呼びます。代表的な資産クラスとしては、現預金・株式・債券・不動産・コモディティ（エネルギー

資源、鉱産資源、農作物等に先物取引を通じて行う投資)・オルタナティブ投資（債券や株式などの伝統的な投資を代替・補完する投資手法。例えばヘッジファンド）などがあります。

　ポートフォリオの構成を決めるには、まず、投資する資産クラスを決め、それぞれの資産クラスの中で、どの銘柄にいくら投資するかを決めます。例えば、株式に投資すると決めた場合は、その中でトヨタ株に２％、三菱重工に１％というように、個々の銘柄への投資比率を決めていきます。その際に役立つのが、ポートフォリオ理論です。

　ポートフォリオ理論は、投資家にとって最適なポートフォリオを構築するための理論です。投資家にとって「最適なポートフォリオ」とは何かというと、安定的に収益を生み出すポートフォリオです。株や債券などの資産の価格は日々変動するので、ポートフォリオが収益を生み出す日もあれば、損を出す日もあります。ですから、全く損をしないポートフォリオを作ることは不可能です。あえて言えば、現預金だけで構成されるポートフォリオ（現預金に100％投資）は損をすることはありませんが、そのようなポートフォリオからの収入は預金金利のみとなります。前章で学んだように、資産の期待リターン（期待収益率を期待リターンとも言う）を上げるためには相応のリスクを取る必要があり、リスクを抑えすぎるとリターンも少なくなってしまいます。つまり、「リターンはリスクの対価として得られるもの」なのです。

　例えば、老後の生活を退職金の資産運用と年金で賄うという計画を立てたとして、その計画を実現するために資産運用において必要な目標リターンが年率５％だったとしましょう。その時、仮に預金金利が年率１％だったとすれば、退職金を銀行口座に預けたままであれば年率１％でしか増えないので、目標リターンの５％を達成することができません。株や債券等への投資を通じて適切なリスクを取ることで、年率５％のリターンを目指したポートフォリオを構築する必要があります。もちろん、株や債券を購入したのち、それ

らが値下がりして損をする可能性もあるわけですが、そういったリスクを受け入れる対価として、預金金利よりも高いリターンを期待できるわけです。

　ポートフォリオのリターンが変動するのは仕方がないとしても、誰だって大損はしたくありませんし、できればポートフォリオのリターンは安定していて欲しいものです。ポートフォリオのリターンが不安定で、いつ大損するかわからないという状況だったら、心配で夜も眠れなくなってしまうでしょう。そこで、ポートフォリオ理論では、いかにしてポートフォリオのリターンを安定させるかということに重点が置かれています。では、どうすればポートフォリオのリターンを安定させることができるのでしょうか？

　ポートフォリオのリターンを安定させるためには、「いろいろな資産クラスや銘柄に分散して投資すること」が重要です。例えば、自分が気に入った数社の株式に投資資金を全てつぎ込むような投資のやり方は、ポートフォリオ理論の観点からは望ましくありません。なぜならば、仮にそれらの企業の業績が悪化したり、不正が発覚して倒産に追い込まれたりしたら、大きな損失を被ってしまうからです。

　なるべく多くの資産クラスや銘柄に資金を分散しておけば、いくつかの銘柄の価格が大きく下落してもポートフォリオへの影響は限定的になるので、大きな損失を出してしまう可能性は少なくなります。

　それでは、投資すべき資産クラスをどのように選び、どのような比率で投資すれば良いのか？　さらに、各資産クラスの中では、それぞれの銘柄にどのような比率で投資すれば良いのか？　それを合理的に決めていくのが、ポートフォリオ理論です。今から、ポートフォリオ理論の具体的な中身について学んでいきましょう。

2 ポートフォリオ理論の土台は「資本資産価格モデル（CAPM）」

2|1 CAPMとは何か？

　ポートフォリオを構築するための理論は、決定版と言えるものがたった一つあるわけではなく、様々な理論が存在します。ポートフォリオ理論は、いわばそれらの総称というわけです。

　様々な投資モデルの中で最も古く、かつ最も広く知られているのが「**資本資産価格モデル（Capital Asset Pricing Model）**」です。英語の頭文字を取って**CAPM（キャップエム）**と呼ばれます。CAPMは、プライシング理論の章で、株式の期待リターンを算出するための理論として出てきましたが、実は、もともとはポートフォリオ構成を決めるための理論なのです。CAPMは、ポートフォリオ理論の中では最も基本的なものであり、他のモデルを理解する上でもCAPMの理解が土台となります。したがって、ポートフォリオ理論への入門としては、まずCAPMをきちんと理解することが重要です。

　CAPMは、1960年代にWilliam F. Sharpe（ウィリアム・F・シャープ）らによって提唱された理論です。ポイントは、いくら儲かりそうか（期待リターン）という点に加えて、日々のリターンのブレがどれくらい激しいか（リスク）という側面にも着目して配分比率を決める点です。CAPMが発表される以前は、投資家たちがポートフォリオを構築する際、いくら稼げそうかという点だけに注目して分析を行うのが一般的でした。もちろん、いくら儲かるかは重要ですが、それだけでは不十分で、リスクも同時に考えなければなりません。ポートフォリオの期待リターンが年率5％でも、リスク（リターンのブレ）が年率60％なら、年によってはポートフォリオの価値が半

分以下になってしまうこともあり得ます。一方、期待リターンが年率5％でリスクが年率3％なら、年によって多少のリターンのブレはあっても安定的に収益を生み続けるでしょう。CAPMは、こういったリターンとリスクのバランスを理論的に整理し、合理的に投資を行う手法を示したわけです。

　例えば、何銘柄かの割安（と投資家が思っている）株のみに投資しているポートフォリオがあるとしましょう。ポートフォリオの期待リターンは高いかもしれませんが、景気が悪化すると保有銘柄の業績悪化や倒産が相次ぎ、大損をしてしまうかもしれません。期待リターンだけでなくリスクの側面も考えなければ、ポートフォリオを上手に作ることはできないのです。

　このように、期待リターンとリスクを用いて投資の分析を行う方法を世界で最初に広めたのが、米国の経済学者Harry Max Markowitz（ハリー・マックス・マーコウィッツ）です。Sharpeは、Markowitzの研究結果が金融市場全体に対してどのような意味を持つのかを分析し、それをCAPMという投資理論としてまとめ上げました。Sharpeの功績は、ポートフォリオの構成を考える際に、リターンだけでなくリスクも考慮すべきとして、リターンとリスクのバランスが最良のポートフォリオ構成を決める具体的な手順を理論的に示したことです。MarkowitzやSharpeらは、CAPMを含めた資産価格理論の研究業績が評価され、1990年にノーベル経済学賞を受賞しています。

2 2 CAPM理論の要点

　CAPMは、それ自体は数学的に入り組んでいて難しいので、なるべく言葉で要点のみを説明していきます。

　CAPMでは、全ての資産を「**無リスク資産**」と「**リスク性資産**」に分けて考えます。無リスク資産とは、現預金や主要先進国（米国、日本、イギリ

ス、ドイツなど）の国債など、最も安全性が高いと考えられる資産クラスのことです。そして、リスク性資産とは、それ以外の全ての資産を指します。まとめると、以下のようになります。

　無リスク資産：主要先進国の国債や現預金など、最も安全な資産
　リスク性資産：無リスク資産以外の全ての資産

　このような分類は、CAPMに限らず、ファイナンス理論において非常によく使われますので、覚えておくといいでしょう。ちなみに、無リスク資産の種類は限られている一方で、リスク性資産はそれ以外の全てですから、無リスク資産よりリスク性資産の方が圧倒的に種類が多いことになります。

　このような枠組みで考えると、ポートフォリオを構築するという課題は、「①リスク性資産の中で、何をどれだけ保有するか」という課題と、「②無リスク資産を何割、リスク性資産を何割保有するか」という課題に分解して考えることができます。それではまず、①の問題から見ていきましょう。CAPMにおいては、リスク性資産の構成をどのように決めるべきだと考えているのでしょうか？

　答えを先に言ってしまうと、リスク性資産の構成比率は**市場ポートフォリオ**と一致させるべきというのがCAPMの結論です。市場ポートフォリオとは、市場に存在する全てのリスク性資産を、時価総額に比例して保有するポートフォリオのことです。言葉だけだとわかりにくいので、例を見てみましょう。話を単純にするために次ページ表1のように、この世界に3種類のリスク性資産しかないと仮定します。

　リスク性資産の市場は、X社の株式20兆円、Y社の株式30兆円、Z社の社債50兆円のみから成るとします。この場合、市場全体の時価総額は、これら3種類の資産の時価総額を合計したものなので、100兆円になります。

■表1　リスク性資産の市場

リスク性資産	時価総額	構成比率
X社の株式	20兆円	20%
Y社の株式	30兆円	30%
Z社の社債	50兆円	50%
合計	100兆円	100%

※銘柄名や時価総額は、全て架空のものです。

　この時、例えば、時価総額100億円の市場ポートフォリオはどのような構成になるかを考えてみましょう。資産の構成比率は、市場全体における資産の構成比率と同じにするので、X社株20%、Y社株30%、Z社債50%になります。そして、全体の時価総額が100億円なので、X社株は100億円×20% = 20億円、Y社株は100億円×30% = 30億円、Z社債は100億円×50% = 50億円保有することになります。

　この例では、時価総額100億円の市場ポートフォリオを考えましたが、ポートフォリオのサイズはどんなものでも構いません。例えば、1000万円、1億円といった、任意のサイズの市場ポートフォリオを考えることができます。要は、資産の構成比率が市場全体と同じであれば、市場ポートフォリオと言えるわけです。市場ポートフォリオは、いわば市場全体のミニチュア版と考えることができます。

　これで、リスク性資産の配分比率は決まりました。市場全体と同じ比率にすれば良いわけです。複雑な計算などは何も必要なく、とてもシンプルな結論です。けれども、ここで問題が発生します。投資家にはいろんなタイプがいて、資産をなるべく安全に運用したい、つまり、ローリスク・ローリターンを指向する人もいれば、大きなリスクを取る代わりに大きな収益を得たい、つまり、ハイリスク・ハイリターンを指向する人もいます。もちろん、その中間、すなわちミドルリスク・ミドルリターンを望む人もいます。例えば、個人の資産形成においては、年齢が高くなるほど安全性を重視した運用が好

ましいとされています。安全性を重視した運用とは、株などの値動きの激しい資産への配分を少なめにし、値動きが相対的に小さく、より安全な債券などへの配分を多めにするということです。年齢が高く退職までの期間が短い（あるいはすでに退職済みの）人は、万が一運用で失敗すると、退職後の生活資金が確保できないという危険に晒されてしまいます。そのため、安全性を重視した運用が望ましいわけです。一方、若い人は、今後長期に渡って仕事からの収入が見込めるので、運用で失敗しても取り返しがききます。そこで、値動きは大きいけれどもアップサイドを狙える株式などの資産への配分を多めにするのが良いとされています。

　リスクを取り過ぎるのも問題ですが、避けすぎると期待リターンが下がってしまいます。このトレードオフ関係をどのあたりで妥協するかの判断は、人によって異なります。リスクを避ける投資家の性質を**リスク回避性向**と呼びますが、リスク回避性向の高さは人によって様々なわけです。リスク回避性向が高いほど、より安全なポートフォリオを好むことを意味します。

　このように、投資家の立場や好みによって、望ましいポートフォリオのリスクは変わってきます。しかし、CAPMでは、リスク性資産の投資比率は市場ポートフォリオと一致させると決まっています。そうすると、自分で勝手に株の投資比率を増やしたり、減らしたりといったことができません。それでは、ポートフォリオのリスクは、どうやって調節すればよいのでしょうか？

　ここで、投資対象にはリスク性資産だけでなく、無リスク資産もあることを思い出してください。リスク性資産の投資比率は決まってしまっていて動かせないので、代わりに無リスク資産の割合を調整することで、ポートフォリオ全体のリスクを調節するのです。というわけで、次は、「②無リスク資産を何割、リスク性資産を何割保有するか」について考えましょう。

CAPMでは、無リスク資産の割合は、投資家によって異なってよいと考えます。より具体的に言うと、投資家のリスク回避性向が高いほど、つまり、安全性を重視するほど、無リスク資産の割合を高くすべきと考えます。イメージとしては下図のように、ポートフォリオを市場ポートフォリオと無リスク資産の組み合わせと考え、組み合わせ比率を変えることでポートフォリオ全体のリスクを調節するのです。このように、ポートフォリオの投資比率を決める問題を、市場ポートフォリオと無リスク資産の組み合わせ比率を決める問題に置き換えて考えることを**2基金分離**（Two Fund Separation）※と呼びます。ポートフォリオ全体を、市場ポートフォリオと無リスク資産の2種類の基金（ファンド）に分離して考えるということです。

※ 厳密に言うと、この場合は「2基金貨幣分離」という、2基金分離の一形態に対応しています。

■図1　2基金分離の考え方

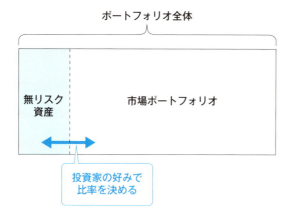

CAPMでは、リスク回避性向を数値で表現し、投資家がリスク性資産・無リスク資産を具体的にどれくらいの比率で保有すればいいのかを計算することができます。ただ、その計算はいささか複雑なので、本書では、考え方を理解することに重点を置きたいと思います。

例えば、手持ちの投資資金が1億円だとしましょう。田中さんは、そのうちの7割、つまり7千万円をリスク性資産（市場ポートフォリオ）に投資し、残り3割、つまり3千万円を無リスク資産（日本国債など）に投資します。田中さんよりリスク回避性向が高い鈴木さんは、4千万円をリスク性資産に、6千万円を無リスク資産に投資します。つまり、無リスク資産の投資比率を大きくすることで、ポートフォリオ全体の安全性を高めるわけです。

　では、ハイリスク・ハイリターンを狙いたい人はどうすればよいでしょうか？　その時は、銀行からお金を借りて、リスク性資産への投資金額を増やせばよいのです。例えば、銀行から5千万円を借り入れて、手持ちの1億円と合わせれば、投資資金は合計で1億5千万円になります。こうすれば、1億5千万円をリスク性資産に投資することで、ハイリスク・ハイリターンのポートフォリオを構築できます。この場合、最初の投資資金1億円を100％と考えると、借り入れによって投資資金を150％まで拡大させたことになります。このように、借り入れを活用して投資資金を膨らませることを**レバレッジ**と呼びます。レバレッジ（leverage）とは、英語で「てこの作用」を意味する単語です。てこの原理を利用して重いものを軽い力で持ち上げるように、借り入れなどを通じて他人のお金（他人資本）を活用することで、自分のお金（自己資本）だけではできないような大きな投資を行うということです。

　これで、CAPMがどのような投資手法なのかがはっきりしました。CAPMの最大の特徴は、リスク性資産の投資比率を市場ポートフォリオと一致させるという点です。そして、ポートフォリオ全体のリスクは、無リスク資産の割合をどれくらいにするかで調節します。場合によってはレバレッジを活用して、より高いリターンを狙うことも可能です。

2 3 CAPMの視覚的イメージ

① ポートフォリオをリスク・リターン平面上の点として捉える

　CAPMの「結論」だけ先に見てきましたが、なぜそのような結論になるかをこれから見ていきましょう。しかし、CAPMを数式のレベルで正確に理解するには、大学で学ぶ線形代数学や最適化問題等の専門的な知識が必要になります。そこで本書では、CAPMをグラフで視覚的に理解することに注力します。

　まずCAPMでは、資産をリスク・リターン平面の上にプロットして考えます。リスク・リターン平面とは、縦軸を資産の期待リターン、横軸をリスクとしてプロットしたグラフです。これは、エクセルの"散布図"をイメージしてもらうとわかりやすいでしょう。エクセルの散布図は、X（横軸）、Y（縦軸）の値を指定すると、それがグラフ上の1点として現れます。ここでは、Xがリスク、Yが期待リターンに相当するわけです。リスク・リターン平面を用いることで、資産の期待リターンとリスクの特徴を視覚的に把握することができるため、とても便利な表現方法です。

　さて、グラフ上に描画するためには、リスクを具体的な数値として表現しなければなりません。そこで活躍するのが、**標準偏差**という概念です。標準偏差は統計学の概念で、リターンのブレの大きさを計るために使います。

　例えば、表2のように5年分のリターンのデータがあったとします。この場合の標準偏差を計算してみましょう。

■表2　5年分のリターンデータ

	1年目	2年目	3年目	4年目	5年目	平均リターン
リターン	2.50%	−1.90%	0.50%	−2.20%	3.30%	0.44%
平均リターンとの差	2.5%−0.44%＝2.06%	−2.34%	0.06%	−2.64%	2.86%	

　まずは、各年のリターンが平均値（0.44％）からどれくらい離れているかを調べます。それが、表の下部分の「平均リターンとの差」というところです。この「平均リターンとの差」が、ブレの大きさを表しています。「平均リターンとの差」はプラスだったりマイナスだったりするので、そのままでは大きさを比較することができません。そこで、「平均リターンとの差」を2乗して考えます。マイナスの値も、2乗するとプラスの値になるからです。今は、平均からどれくらい離れているかを知りたいのであって、プラスの方向に離れているのか、マイナスの方向に離れているのかは関係ないので、2乗することで、全てプラスにしてしまうのです。

　また、今知りたいのは、いわば平均的な散らばり具合であって、一つ一つのデータの散らばり具合ではありません。そこで、個々のデータの散らばり具合の平均値をとります。散らばり具合の平均値をとるには、散らばり具合（「平均リターンとの差」の2乗）の値を5つとも全て足して、データ数の5で割ります。また、プラス・マイナスの違いを消すために2乗していたので、最後の仕上げとして平方根をとります。結果として、平均的な散らばり具合を示す指標である標準偏差は次のように求まります。

標準偏差
$$= \sqrt{\frac{(2.06\%)^2 + (-2.34\%)^2 + (0.06\%)^2 + (-2.64\%)^2 + (2.86\%)^2}{5}}$$
$$= 2.23\%$$

※（　）内の数字は、表2段目の「平均リターンとの差」

　このようにして、標準偏差を求めることができました。実際のデータはたった5つでなく、もっとたくさんある場合がほとんどなので、実務でこのような計算をする場合は、エクセルやプログラミング言語を用います。例えば、エクセルでは、STDEV.S関数を使えば標準偏差を簡単に計算できます。

② リスク性資産のポートフォリオは、効率的フロンティアから選ぶ

　さて、リスクの計算方法がわかったところで、リスク・リターン平面に話を戻しましょう。まず、無リスク資産のことはいったん忘れて、リスク性資産のみを考えます。ステップを踏んで理解を進めていくために、リスク性資産が1つだけの場合から考えましょう。期待リターンが5％、標準偏差（リターンのブレの大きさ）が10％の資産Xは、リスク・リターン平面上でどのように表されるでしょうか？　ここは、エクセルの"散布図"と同じ要領で考えてください。正解は、図2のようになります。

■図2　リスク・リターン平面：リスク性資産が1種類の場合

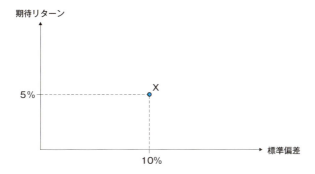

　このように、資産の期待リターンと標準偏差がわかっていれば、その資産は、リスク・リターン平面上の1点として表すことができます。

　これで、リスク性資産が1種類だけの場合がわかりました。けれども、実際に投資を行うときは、多くの資産に投資をするのが普通なので、そういった状況を考える必要があります。ただ、一足飛びに多数の資産を考えると大変なので、まずはリスク性資産が2種類だけの場合を考えてみましょう。資産が2つある場合は、その2つを組み合わせてポートフォリオを作ることができます。ポートフォリオの場合も同様に、期待リターンと標準偏差がわかればリスク・リターン平面上の1点として表すことができます。例えば、株式Aと債券Bを組み合わせてポートフォリオを作ることを考えましょう。2資産の組み合わせからなるポートフォリオをリスク・リターン平面上にプロットすると、どんな風になると思いますか？　少し考えてみてから、次の図を見てください。

■図3　リスク・リターン平面：リスク性資産が2種類の場合

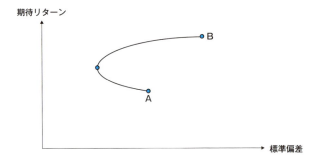

　このように、2種類のリスク性資産からなるポートフォリオは、2つの資産をつなぐ弓形の線を描きます。点Aは、株式Aに100％（債券Bに0％）投資した場合、点Bは、債券Bに100％（株式Aに0％）投資した場合を表しています。そして、株式Aと債券Bの両方に投資する場合は、点Aと点Bをつなぐ弓形の線上のどこかになります。2資産の組み合わせ比率を変えることで、ポートフォリオの期待リターンや標準偏差が変わっていくので、ある1点ではなく、線を描くわけです。

　ところで、なぜ弓形になるのでしょうか？　そのことについて、これから考えていきましょう。

　ポートフォリオをリスク・リターン平面上にプロットするためには、ポートフォリオの標準偏差を計算する必要があります。そのためには、株式Aと債券Bの標準偏差の値に加えて、株式Aと債券Bのリターンがどれくらい連動しているのかという情報が必要です。

　例えば、極端な例として、株式Aと債券Bのリターンが完全に逆向きに連動している場合を考えましょう（これを例①とします）。ある日は株式Aが＋2.0％で債権Bが－0.9％、別の日は株式Aが－1.9％で債券Bが＋0.7％というように、符号が必ず逆転しているケースです。この場合、株式Aから損失

が出ているときは債券Bからは必ず利益が出ていて、逆もまた然りなので、株式Aからの利益（損失）と債券Bからの損失（利益）が打ち消しあって、ポートフォリオ全体のリターンのブレは小さくなります。つまり、ポートフォリオの標準偏差は小さくなります。

　逆の例で、株式Aと債券Bのリターンの符号が必ず同じ場合を考えましょう（これを例②とします）。ある日は株式Aが＋2.0％で債券Bが＋0.9％、別の日は株式Aが－1.9％で債券Bが－0.7％というように、符号が必ず同じになるケースです。この場合だと、株式Aから損失が出ているときは債券Bからも損失が出ており、逆もまた然りなので、ポートフォリオ全体のリターンのブレ、すなわちポートフォリオの標準偏差は大きくなります。

　現実の世界は、この極端な2ケースの間にあります。つまり、それぞれの資産のリターンは、景気動向や政治ニュースなどの影響を受けつつ、（完全ではなく）ある程度の連動性を持って動いていると考えられます。このような資産間の連動性は、**相関**と呼ばれる統計指標によって表すことができます。

　相関は、－1から1までの値をとり、連動性が大きいほど数字が大きくなります。そして、相関が1のときは、先ほどの例②のように、両者が完全に連動していることを示します。反対に、両者が逆向きに連動している場合（一方が上昇しているときに他方が下落するような場合）は、相関はマイナスの値をとります。相関が－1のときは、先ほどの例①のように、両者が完全に逆向きに連動している場合を指します。相関が0のときは、両者の動きが連動しておらず、バラバラに動いていると考えてよいことを示しています。

　相関を計算するには、2つの資産のリターンデータが必要です。例えば、表3のような場合だと、株式Aと債券Bは大体逆方向に動いているように見えますが、3年目は同じ方向に動いているので、常に逆方向というわけではなさそうです。この場合、相関の値を計算すると－0.73となります。この数

値は、株式Aと債券Bのリターンが逆向きに連動する傾向が強いことを示しています。ちなみに、相関はエクセルのCORRELという関数を使って計算できます。

■表3　2資産のリターンの例（この場合、相関は−0.73となる）

	1年目	2年目	3年目	4年目	5年目	期待リターン	標準偏差	相関
株式A	−3.50%	5.45%	2.30%	−0.91%	7.27%	2.12%	3.96%	−0.73
債券B	2.05%	−0.78%	3.17%	1.70%	−0.83%	1.06%	1.60%	

　この表には、ポートフォリオの標準編差を計算するために必要な数字、すなわち株式Aの標準偏差（3.96%）、債券Bの標準偏差（1.60%）、そして株式Aと債券Bの相関（−0.73）が揃っています。また、ポートフォリオの期待リターンについては、株式Aの期待リターン（2.12%）と債券Bの期待リターン（1.06%）から計算できます。これで材料が揃いました。

　これからポートフォリオの期待リターンと標準偏差を計算していきますが、注意して欲しいのが、株式Aと債券Bをそれぞれ何割ずつ保有するかによって、ポートフォリオの期待リターンや標準偏差の値が変わってくるという点です。

　株式Aを30%、債券Bを70%というポートフォリオを考えることもできますし、株式Aを50%、債券Bを50%というポートフォリオを考えることもできます。より一般的に言えば、株式Aへの配分をX%とした場合、債券Bへの配分は100−X%になります（合計で100%になるため）。そして、Xの値は0から100の間で自由に決められます。

　そこで、株式Aへの配分をX%（債券Bへの配分は100−X%）として、Xを0から100まで動かしていったとき、ポートフォリオの期待リターンと

標準偏差がどのように動いていくかを考えてみましょう。Xは、実際はいくらでも細かく動かせるのですが、話をわかりやすくするために10％区切りで動かしていき、それぞれの地点におけるポートフォリオの期待リターンと標準偏差を計算してみます。

　ポートフォリオの期待リターンは、株式Aの期待リターンと債券Bの期待リターンから求めることができます。例えば、株式Aの投資比率が30％、債券Bの投資比率が70％だとすると、ポートフォリオの7割は債券Bでできているわけなので、ポートフォリオの期待リターンも7割は債券Bから来るわけです。そして、残りの3割は株式Aから来ています。そのため、それぞれの資産の期待リターンに投資比率を掛けて足すことで、ポートフォリオの期待リターンが出せるのです。具体的には、以下のような式を使います。この式を見ると、期待リターンに投資比率を掛けて足していることがわかるでしょう。ちなみに、このような計算方法を加重平均と呼びます。

　　ポートフォリオの期待リターン
　　　　＝（Aの投資比率×Aの期待リターン）
　　　　　＋（Bの投資比率×Bの期待リターン）

　次に、ポートフォリオの標準偏差を計算する必要があります。計算式は次のようになります。

　　ポートフォリオの標準偏差
　　　＝$\sqrt{(Aの投資比率 \times Aの標準偏差)^2 + (Bの投資比率 \times Bの標準偏差)^2 + 2(Aの投資比率 \times Bの投資比率 \times AとBの相関 \times Aの標準偏差 \times Bの標準偏差)}$

　ポイントは、AとBの相関（ハイライト部分）が計算に含まれている点です。平方根の中の1番目と2番目の項は2乗されているので常に正の値しかとりませんが、3番目の項は正の値も負の値もとり得ます。Aの投資比率、

Bの投資比率、Aの標準偏差、Bの標準偏差は常に正の値しかとらないので、3番目の項の符号は相関の符号によって決まります。例えば、相関が負の値のときは、3番目の項は負の値をとります。このことから、資産間の相関が負である場合、ポートフォリオの標準偏差は小さくなることがわかります。なぜならば、3番目の項が引かれることで、平方根の中の数値が小さくなるからです。

ポートフォリオの標準偏差が最も小さくなるのは、相関が－1のときです。そして、相関の値が－1から＋1に向かって大きくなっていくにつれて、ポートフォリオの標準偏差も大きくなっていきます。このように、資産間の相関が高いか低いかによって、ポートフォリオの標準偏差が変わってくるわけです。そのため、資産間の相関を考えることは、投資において非常に重要なポイントになります。

以上の計算式にしたがって、株式Aの投資比率が0％、10％、20％……100％のときのポートフォリオの期待リターン及び標準偏差を計算してみます。結果を表4にまとめました。

■表4　株式A・債券Bからなるポートフォリオ

株式Aの投資比率	0％	10％	20％	30％	40％	50％	60％	70％	80％	90％	100％
債券Bの投資比率	100％	90％	80％	70％	60％	50％	40％	30％	20％	10％	0％
ポートフォリオの期待リターン	1.06％	1.17％	1.27％	1.38％	1.49％	1.59％	1.70％	1.80％	1.91％	2.02％	2.12％
ポートフォリオの標準偏差	1.60％	1.18％	0.89％	0.86％	1.11％	1.50％	1.96％	2.45％	2.94％	3.45％	3.96％

まずはポートフォリオの期待リターンの推移を見てみましょう。一番左の列、つまり、株式Aが０％で債券Bが100％の時は1.06％となっており、債券Bの期待リターンと一致しています。債券Bのみに投資しているポートフォリオなので、債券Bの期待リターンと一致するのは当たり前ですね。同様に、一番右の列、つまり、株式Aが100％で債券Bが０％の時は2.12％となっており、株式Aの期待リターンと一致しています。そして、ポートフォリオの期待リターンの推移を左から右へ見ていくと、1.06％から2.12％へ向けて単調に変化しているのがわかります。最初は債券Bのみだったので債券Bの期待リターンと一致していたものが、株式Aの投資比率が増加するにつれて株式Aの期待リターンに近づいていくということです。

　一方、標準偏差の方を見てみると、少し不思議な推移をしていることがわかります。表を左から右へ見ていくと、株式Aの投資比率が増えるにつれて標準偏差が1.60％→1.18％→0.89％→0.86％と一旦減少していますが、投資比率が30％のところで底を打ち、今度は逆に0.86％→1.11％→1.50％→1.96％→……と増加しています。これをリスク・リターン平面上にプロットすると、図４のようになります。

■図４　リスク・リターン平面：リスク性資産が２種類の場合

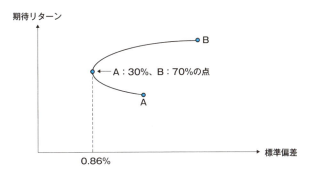

このように、2資産の組み合わせ比率を変えていった場合、ポートフォリオがリスク・リターン平面上で描く軌跡は直線ではなく、弓形になります。これは、2資産をうまい比率で組み合わせると、ポートフォリオのリスクが低減するということを意味しています。そして、どういう比率で組み合わせるかによって低減効果が変わってくるということも意味しています。

　資産を組み合わせることによるリスク低減効果は、資産の種類が増えた場合はさらに顕著になります。このように、複数の資産に投資することでポートフォリオのリスク（標準偏差）が減少する効果のことを**分散効果**と呼びます。ここで重要なのは、投資比率を変えると、分散効果も変わってくるということです。株式Aと債券Bの例で言うと、株式Aを30％、債券Bを70％にすると分散効果が最大限に発揮され、ポートフォリオの標準偏差が最小となります。他の混ぜ方をすると分散効果は落ちてしまいますが、それでも1種類の資産しか保有しない場合に比べるとポートフォリオの標準偏差は小さくなります。

　数式やグラフで見ると難しそうな感じがしますが、起きていることは単純です。1種類の資産だけを持っていると、その資産が大きく下落したときは大きな損失を被ってしまいます。けれども、他の資産と混ぜて持っている場合は、ある資産が大きく下落しても、他の資産はそこまで下落していなかったり、逆に上昇していたりするため、ポートフォリオ全体としては損失を抑えることができます。それが分散効果となって現れるわけです。数式を使えば、その分散効果を正確に見積もれるということです。

　分散効果は、相関が負の場合だけでなく、ゼロや正の値の場合にも働きます。相関の値が－1から＋1へ向かって上昇していくにつれて分散効果の"効き"は悪くなりますが、数学的には、相関の値がぴったり＋1のとき（資産のリターンが完全に連動しているとき）以外は分散効果が働きます。資産同士が少しでも違う動きをしていれば、互いの動きを打ち消し合うことで分

散効果が生まれ、ポートフォリオの標準偏差が小さくなるわけです。

次に、より一般的な状況として、たくさんの資産がある場合を考えてみましょう。この場合も2資産のときと同様に、分散効果によってポートフォリオの標準偏差が小さくなり、資産を結ぶ曲線は左方向にへこんだ形になります。ただし、2資産の場合よりも組み合わせ方のバリエーションが遥かに多いので、図5のようにグラフは線ではなく面になります。この面状の図形（斜線部分）は、本来は計算によって出てくるものですが、正確な計算のためには大学で学ぶ線形代数学の知識が必要になるため、詳細な計算は割愛します。ここでは、2資産の場合に出てくる弓形の線が沢山集まって、面になったと考えてください。

■図5　リスク・リターン平面：多くのリスク性資産がある場合

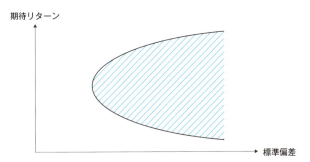

斜線部分のある1点は、1つのポートフォリオに対応しています。資産の組み合わせ方を変えていくといろいろなポートフォリオを作ることができますが、それらは全て、この斜線部分のどこかに位置しているわけです。

ここで、投資家の立場になってグラフを眺めてみましょう。投資家が本当に投資したいと思うポートフォリオは、斜線部分のどこに位置するでしょうか？

読み進める前に、どこに投資したいかを心の中で選んでみてください。

■**図6　リスク・リターン平面：多くのリスク性資産がある場合**

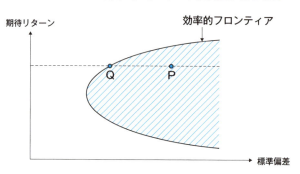

　図6は、先の図に点PとQを書き加えたものです。例えば、あなたなら、点Pに投資したいと思いますか？　私だったら点Pには投資しません。なぜならば、点Pの左側にある点Qの方が、点Pと同じ期待リターンで標準偏差がより小さいので、点Pより安全だからです。

　このように考えると、最も魅力的なポートフォリオは、斜線部分の境界に位置していることがわかります。なぜならば、同じ期待リターンを持つポートフォリオの中で、最も標準偏差が小さい（リターンのブレが小さい）ポートフォリオがこの線上に並んでいるからです。この線のことを、最も効率的なポートフォリオ（つまり、小さなリスクで稼ぐことができるポートフォリオ）が集まっている最前線という意味で、**効率的フロンティア**（または**有効フロンティア**）と呼びます。リスク性資産のポートフォリオのうち、最も魅力的なものは効率的フロンティア上に位置しています。つまり、リスク性資産に投資するときは、効率的フロンティア上から候補を探せばよいということです。

③ リスク性資産のポートフォリオと無リスク資産を組み合わせる

リスク性資産のポートフォリオは効率的フロンティア上から探せばよいことがわかりましたが、投資を考える上でもう一つ忘れてはならないのが無リスク資産です。2 2 で説明したように、CAPMでは、リスク性資産と無リスク資産を適切な比率で組み合わせることによって、ポートフォリオ全体のリスクを調節します。そこで、次はリスク性資産と無リスク資産を組み合わせることを考えましょう。イメージとしては、下図のような形で最終的なポートフォリオを構築するということです。

■図7　２基金分離の考え方（再掲）

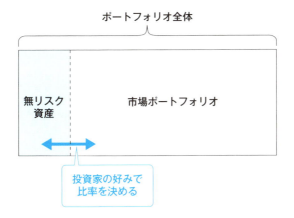

リスク性資産と同じ土俵で考えるためには、無リスク資産もリスク・リターン平面上で表す必要があります。リスク・リターン平面上では、無リスク資産はどのように表されるでしょうか？　これは、リスク性資産よりもずっと簡単です。CAPMでは、無リスク資産は文字通り"無"リスク、すなわち標準偏差がゼロだと考えます。また、プライシング理論の章で出てきたように、無リスク資産の期待リターンは無リスク金利になります。よって、無リスク資産は、リスク・リターン平面上で図8のような１点として表されます。

■図8　無リスク資産

　これで、リスク性資産と無リスク資産をリスク・リターン平面上に表すことができました。次に、この2つを組み合わせてポートフォリオを作ることを考えます。無リスク資産は1点のみですが、リスク性資産のポートフォリオは効率的フロンティア上にたくさんあるので、まずは、そのうち1つを選び出すことにします。そして、選び出したリスク性資産のポートフォリオと無リスク資産を組み合わせることで、ポートフォリオ全体を作ることを考えます。

　例として、リスク性資産と無リスク資産を組み合わせた時の、ポートフォリオ全体の期待リターンと標準偏差の推移を表5に示しました。ここでは、無リスク金利を2％、リスク性資産の期待リターン・標準偏差をそれぞれ5％・4％としています。

■表5

リスク性資産	0%	20%	40%	60%	80%	100%	120%	140%
無リスク資産	100%	80%	60%	40%	20%	0%	−20%	−40%
ポートフォリオの期待収益率	2.00%	2.60%	3.20%	3.80%	4.40%	5.00%	5.60%	6.20%
ポートフォリオの標準偏差	0.00%	0.80%	1.60%	2.40%	3.20%	4.00%	4.80%	5.60%

　表の右側では無リスク資産の配分がマイナスになっていますが、これは借入を表しています。例えば、手元の投資可能資金が1億円だとしましょう。表の一番右側の無リスク資産−40%とは、1億円の40%、つまり4千万円を借入れることを意味します。そして、リスク性資産140%とは、手元の1億円と借入れた4千万円を足して、1億4千万円をリスク性資産に投資するということです。お金を借りると、利息を支払わなければなりません。利息金利が無リスク金利と同水準だとすれば、投資家が貸し手に対して借入金額×無リスク金利に相当する利息を支払わなければならないことになります。無リスク資産を保有している場合は無リスク金利分の収入がありますが、借入をしている場合は無リスク金利分の支出があるということです。つまり、リスク・リターン平面上で考えれば、借入は無リスク資産をマイナスの配分比率で保有しているのと同じことなのです。そのため、借入をしているという状態を、無リスク資産へのマイナスの配分比率として表しているわけです。

　無リスク資産とリスク性資産を組み合わせたポートフォリオの期待リターン・標準偏差を計算する際は、株式Aと債券Bから成るポートフォリオの期待リターン・標準偏差を計算するのに使ったのと同じ式を使います。ただし、無リスク資産の標準偏差はゼロだと考えるので、ポートフォリオの標準偏差は、リスク性資産の標準偏差とその投資比率のみから計算できます。

ポートフォリオの期待リターン
　　　＝（無リスク資産の投資比率×無リスク金利）
　　　＋（リスク性資産の投資比率×リスク性資産の期待リターン）

ポートフォリオの標準偏差
　　　＝　リスク性資産の投資比率×リスク性資産の標準偏差

　数字だけだとわかりづらいので、表の数字をリスク・リターン平面上にプロットしてみましょう。すると、リスク性資産と無リスク資産の組み合わせから成るポートフォリオは、リスク性資産と無リスク資産を結ぶ直線上を動いていることがわかります。

■図9　無リスク資産とリスク性資産を組み合わせた場合

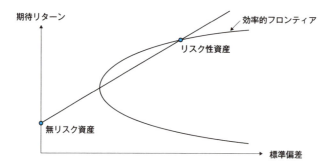

　この直線ですが、効率的フロンティア上のどの点を選ぶかによって傾きが変わっていくことがわかります。例えば図10の左側のように、効率的フロンティア上で原点から遠くにある点を選べば傾きは小さく、逆に右側のように手前の点を選べば傾きは大きくなります。

■図10

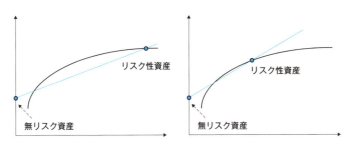

　この直線の傾きは、投資家にとって重要な意味を持っています。なぜならば、直線の傾きは、標準偏差を増やしたときに期待リターンがどれだけ大きくなるかを表しているからです。リスク・リターン平面上で、横軸は標準偏差、縦軸は期待リターンでした。ということは、直線の傾きが小さい場合は、標準偏差を増やしても期待リターンがあまり大きくなりません。逆に、直線の傾きが大きい場合は、標準偏差を少し増やせばリターンが一気に大きくなります。つまり、直線の傾きが急な方が、少ないリスクの増加で効率的に期待リターンを上げることができるため、投資家にとって望ましいわけです。

　そうすると、最も魅力的なポートフォリオは、傾きが一番大きい直線の上に並んでいるということになります。そこで、効率的フロンティア上の点を動かしていって、直線の傾きが最も急になるのはどういうときかを探りましょう。そうすると、図11のように、効率的フロンティアと直線が接する場合に傾きが最大になることがわかります。

■図11 接点ポートフォリオ

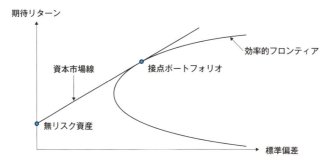

効率的フロンティアと直線が接する点は、あるリスク性資産のポートフォリオに対応しています。この点に対応するポートフォリオを**接点ポートフォリオ**と呼びます。最も効率的なリスク性資産のポートフォリオが効率的フロンティア上に並んでいるという話をしましたが、無リスク資産との組み合わせを考えることで、その中で最も投資にふさわしい点、すなわち接点ポートフォリオを選び出すことができたわけです。

要するに、CAPMは無リスク資産と接点ポートフォリオに投資しろと言っているわけですが、無リスク資産と接点ポートフォリオの組み合わせで作られるポートフォリオは、リスク・リターン平面上で直線上に並びます。この、接点ポートフォリオと無リスク資産を結ぶ直線を、**資本市場線**と呼びます。または、英語表記のCapital Market Lineの頭文字を取って**CML**と呼びます。つまりCAPMは、「資本市場線の上に乗っているポートフォリオが最も効率的なので、それに投資しなさい」と言っているのです。

資本市場線に乗っているポートフォリオは、無リスク資産と接点ポートフォリオの組み合わせで作ることができます。ということは、接点ポートフォリオがどういうポートフォリオなのかがわかれば、投資すべきポートフォリオの全貌が見えることになります。ここで、**22**での話を思い出してくださ

い。CAPMでは、リスク性資産のポートフォリオを市場ポートフォリオと一致させるのでした。種明かしをしてしまうと、この接点ポートフォリオこそが、実は市場ポートフォリオなのです。その点について、今から説明します。

　今まで見てきたように、CAPMは、資産の期待リターンと標準偏差だけからポートフォリオを決める理論です。つまり、CAPMでは、投資家が資産の期待リターンと標準偏差という、たった2種類の情報だけを見て投資判断を行うと仮定していることになります。実際の世の中では、投資家は期待リターンと標準偏差だけでなく、ニュース、景気動向、政治情勢など様々な情報を参照して投資判断を行いますが、そういう現実を全て取り込もうとすれば理論が複雑になりすぎ、本質が見えなくなってしまいます。そこでCAPMでは、あえて最も本質的な2種類の情報だけに絞ってモデルを構築しているわけです。

　さらに言えば、期待リターンと標準偏差についても、実際の世の中では投資家によって推定値が異なるのが普通です。例えば、リターンデータから標準偏差を計算する方法を先ほど紹介しましたが、その時は5年間のリターンデータを用いました。あれが仮に6年間だったら、答えは変わってきます。つまり、データの期間が変われば計算結果も変わってくるということです。このように、期待リターンや標準偏差は、計算の前提によって値が変わってくるものです。けれどもCAPMでは、全ての投資家が、それぞれの資産の期待リターンと標準偏差について全く同じ値を想定していると考えます。投資家によって想定している値が異なると収拾がつかなくなり、簡潔な理論が構築できないので、このような仮定を置くことで状況を単純化しているわけです。

　「本当にこんな仮定を置いてしまっていいのか？」と心配に思われる方もいるでしょうが、現実世界の枝葉を取り除き、本質だけを残すことで明快な理

論を構築するのが、学者の腕の見せ所なのです。CAPMの場合、投資判断における最も本質的な要素は「いくら儲かりそうか」（期待リターン）と「リターンはどれくらいブレるか」（標準偏差）だと考え、他の要素を大胆に切り落としてしまったわけです。

　現実世界をそのように単純化して考えることによって、驚くべき結論が導き出せます。全ての投資家がリスク性資産の期待リターンと標準偏差だけを見て投資判断を行い、かつ、期待リターンと標準偏差について同じ値を想定しているならば、全ての投資家は、リスク性資産の投資比率について同じ結論に至るはずです。皆が同じ判断基準の下、同じ数字を見て投資判断を行うので、同じ結論になるのは当たり前です。では、CAPMにおけるリスク性資産の理想の投資比率は何かというと、接点ポートフォリオです。つまり、全ての投資家が、接点ポートフォリオに投資するということです。

　もちろん、投資家ごとに資金力が違いますから、ポートフォリオの時価総額は投資家によって異なるでしょう。具体例を表に示しました。ここでは仮に、この世界にリスク性資産が3種類（X社株式、Y社株式、Z社社債）しかないと仮定し、接点ポートフォリオの投資比率はX社株式：20％、Y社株式：30％、Z社社債：50％だとします。

■表6　接点ポートフォリオと市場ポートフォリオの関係

投資家	リスク性資産の保有額	リスク性資産の中身（全員が接点ポートフォリオの投資比率で投資）
田中さん	200万円	X社株式：20%、Y社株式：30%、Z社社債：50%
李さん	2500万円	X社株式：20%、Y社株式：30%、Z社社債：50%
ゲイツさん	1兆円	X社株式：20%、Y社株式：30%、Z社社債：50%
某投資銀行	5000億円	X社株式：20%、Y社株式：30%、Z社社債：50%
中東の石油王	3兆円	X社株式：20%、Y社株式：30%、Z社社債：50%
某年金ファンド	2000億円	X社株式：20%、Y社株式：30%、Z社社債：50%
……	……	……
合計（**市場ポートフォリオ**）	1000兆円	X社株式：20%、Y社株式：30%、Z社社債：50%

※上記は説明のための例示であり、実際の金融市場とは関係ありません。

　全ての投資家が接点ポートフォリオの投資比率で投資するので、その総和である市場ポートフォリオも接点ポートフォリオと同じ投資比率になります。結果として、接点ポートフォリオは市場ポートフォリオと一致するということです。接点ポートフォリオは、リスク性資産のポートフォリオの中で最も効率的なものでした。このことから、「リスク性資産の投資比率を市場ポートフォリオと一致させるのが、最も効率的な投資である」という結論が導かれます。

　今まで、リスク性資産の最適投資比率を決めるために、期待リターンと標準偏差を使って議論してきました。その流れでいくと、最終的な答えにたどり着くためには、金融市場に存在する全てのリスク性資産の期待リターンと標準偏差を計算しなければならないのではないかと途方に暮れた方もいらっしゃったかもしれませんが、そんな必要はありません。接点ポートフォリオの投資ウェイトは、市場ポートフォリオと一致するのです。ということは、個々のリスク性資産の期待リターンや標準偏差を知らなくても問題はなく、単に市場全体の資産構成（市場ポートフォリオ）をまねてポートフォリオを

構築すれば良いということです。この結論は単純明快で、かつ実務への応用もしやすいので、CAPMが広く受け入れられる要因となりました。

「CAPMの前提からして、そういう結論になるのは当たり前だろう。なぜ、こんなのでノーベル賞が取れるのだ？」と疑問に思われるかもしれませんが、状況を単純化したからこそ、本質が見えてきたと考えてみてください。投資家は、自分の持つスキルを最大限に活用してポートフォリオを構築します。そうやって無数の投資家が必死で考えて構築したポートフォリオの総和が、市場ポートフォリオです。つまり、市場ポートフォリオは世界中の投資家の英知の結晶とみなすことができます。実際に、資産運用会社などの投資のプロが運用するファンドに関する実証研究でも、市場全体より高い投資パフォーマンスを長期にわたって実現できているファンドはほとんどないという結果が出ています。

現実の世界はあまりに複雑で、多くの雑多な情報の中に本質が隠れてしまっています。そこで研究者は、枝葉をそぎ落として本質の部分だけを残した仮想的なモデルを構築し、議論を展開するわけです。けれども、枝葉をそぎ落としすぎて本質の一部まで削ってしまうと、理論として意味がなくなってしまいます。いかに本質を際立たせるかという点は、研究者のセンスが試されるところです。その点、CAPMは、見事に本質を捉えていると言えるでしょう。

市場ポートフォリオを持てばよいというCAPMの結論は、発表当時、投資の世界に大変な衝撃をもたらしました。それまでは、他人よりもうまく稼げる投資テクニックがきっとあるはずだと誰もが思い、皆が他人を出し抜く投資テクニックを開発しようと躍起になっていました。そのような時代にCAPMは、ただ単純に金融市場全体の資産構成をまねるのが最も効率的な投資だと主張したわけです。金融市場全体の資産構成をまねるだけという単純な投資テクニックなら、誰だって実践できます。そのため、CAPMは急

速に普及し、現代では最も広く知られる投資理論となっています。

④ 個別の証券と、市場ポートフォリオとの関係

ここまで、CAPMにおけるポートフォリオ構築の考え方について学んできましたが、実際に投資を行うときは、ポートフォリオ全体だけでなく、その中に含まれる一つ一つの証券（トヨタ株などの個別の銘柄）を分析することも必要になります。そこで、CAPMの枠組みの中で、一つ一つの証券の動きをどのように分析していくのかを説明します。

プライシング理論の章で、βという概念が出てきました。βとは、市場全体の動きと比較して、特定の証券の値動きがどれくらい激しいかを示すものでした。実は、βという概念はCAPMから生まれたものであり、CAPMではβを使って個別の証券の動きを表現します。すでに説明したように、CAPMでは、投資家が投資すべきポートフォリオは資本市場線上に位置します。詳細な証明は省きますが、この事実から、ある証券の期待リターンが、以下のようにβを用いた式で表せることがわかります。

証券の期待リターン＝β×（市場ポートフォリオの期待リターン－無リスク金利）＋無リスク金利

この式の「市場ポートフォリオの期待リターン－無リスク金利」の部分は、市場ポートフォリオの期待リターンと無リスク金利の差になっていて、**市場リスクプレミアム**と呼ばれます。CAPMでは、ポートフォリオの投資比率を決めるという問題を、無リスク資産と市場ポートフォリオをどういう比率で持つかという問題に置き換えて考える（2基金分離）わけですが、市場ポートフォリオへの投資は価格変動リスクを伴うので、無リスク金利よりも高いリターンが求められます。市場リスクプレミアムは、無リスク資産ではなく市場ポートフォリオを持つことで、期待リターンをどれだけ上げることができるかを示しています。市場リスクプレミアムを使うと、証券の期待リターンは「β×市場リスクプレミアム＋無リスク金利」と表すことができます。

この式を、証券の期待リターン＝y、市場リスクプレミアム＝a、β＝x、無リスク金利＝bとして置き換えれば y＝ax＋b となり、中学で習う直線の式と同じ形をしていることがわかります。この式を、βを横軸としてグラフに表すと、図12のように直線状になります。

　図の直線は、証券のβ（横軸）がある値のときに期待リターン（縦軸）がどうなるかを示しており、**証券市場線**、あるいは英語表記（Security Market Line）の頭文字を取ってSMLと呼ばれます。例えば、β＝0のときは無リスク資産に対応するので、期待リターンは無リスク金利に一致します。β＝1のときは、市場ポートフォリオと同じ期待リターンを持つことになります。そして、βが大きく（小さく）なるほど、期待リターンも大きく（小さく）なっていくことがわかります。このように、個々の証券のβの値がわかれば、期待リターンをすぐに求めることができます。

■図12　証券市場線

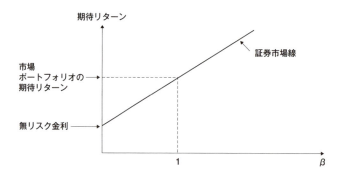

　ここで、βをどうやって計算するかを見ておきましょう。ある証券 i のβは、次の式で表されます。

$$\beta = \frac{\text{証券 i と市場ポートフォリオの相関} \times \text{証券 i の標準偏差}}{\text{市場ポートフォリオの標準偏差}}$$

　まず、この式の分子が何を意味しているかについて考えてみましょう。証券 i と市場ポートフォリオの相関が掛け算されていますが、この部分はどういう意味を持つのでしょうか？　相関は、証券 i のリターンと市場ポートフォリオのリターンがどれくらい連動しているかを示しています。例えば、相関が0.7だった場合、7割は連動しているということです。では、残り3割はどうなっているのかというと、証券 i 固有の要因で動いている部分です。例えば、証券 i がある企業の株式ならば、新商品の売れ行きや、社長の不祥事に関するニュース等、市場全体とは関係のない、その企業独自の価格変動要因によって動く部分があるはずです。その部分は市場全体に連動していないので、証券 i と市場ポートフォリオの相関が低下する要因となります。

　このような、その証券固有の要因による価格変動リスクのことを**個別リスク**と呼びます。個別リスクが大きくなるほど相関は低下するので、β は小さくなります。つまり、β を計算する際に相関を掛けるのは、個別リスクの割合だけ β を減らしていることになります。

　なぜ、個別リスクの割合だけ β を減らすのでしょうか？　それは、個別リスクが分散投資によって消すことができるリスクだからです。個別リスクは、どのような証券でも大なり小なり必ず持っているので、ある一つの証券だけに投資する場合、個別リスクによる価格変動の影響を避けることはできません。しかし、ポートフォリオ理論では、複数の資産に分散して投資することを基本としています。個別リスクは証券ごとの独自の動きを表しており、ある時点での値動きへの影響を見れば証券によってプラスだったりマイナスだったりするので、分散投資した場合は互いに相殺して弱め合います。一方で市場リスクは、全ての証券に共通の動きを表しているので、分散投資しても打ち消し合うことがありません。その結果、分散投資を行うことによって

個々の証券が持つ個別リスクの影響は薄まり、共通部分である市場リスクが優勢になります。

　ファイナンス理論において、期待リターンはリスク（ポートフォリオのリターンが変動するというデメリット）の対価と考えます。そのため、**個別リスクは分散投資によって打ち消せるため投資家にとってデメリットにならない。したがって対価は必要ない、つまりリターンの源泉にはならない**と考えるのです。一方、**市場リスクは分散投資によって打ち消すことができないため投資家にとってデメリットになる。したがって対価が必要、つまりリターンの源泉になる**と考えます。

　少しややこしいところですが、βの意味を理解することは、ポートフォリオ理論を理解する上でとても重要なステップになります。要するに、**βの計算式の分子「証券 i と市場ポートフォリオの相関×証券 i の標準偏差」は、証券のリスクから市場全体に連動する部分（市場リスク）のみを切り出しているのです。市場全体と連動していない部分（個別リスク）はリターンの源泉にならないので、相関を掛けることで除外するわけです。**

　βの式の分母は市場ポートフォリオの標準偏差を表していますが、市場ポートフォリオの標準偏差で割ることによって、証券 i のリスクを「市場ポートフォリオの何倍か」というモノサシで見ていることになります。ある証券のβが1の時は、市場ポートフォリオと同じだけの市場リスクを持っていることになるので、期待リターンは市場ポートフォリオと同じになります。そして$\beta = 2$のときは、市場ポートフォリオの2倍の市場リスクを持っていることになるので、無リスク資産のみを保有する場合と比べた期待リターンの増加分は市場ポートフォリオの2倍になります。つまり、期待リターンは「2×市場リスクプレミアム＋無リスク金利」となります。このような考え方はβがどんな値のときも成り立つので、証券の期待リターンは「β×市場リスクプレミアム＋無リスク金利」と表せるのです。エクセル関数を使って

βを求める具体的な手順を第4章―4（193ページ）で紹介しているので、参考にしてくだい。

プライシング理論の章では、βは価格変動の激しさを表すと説明しましたが、価格変動の激しさは市場リスクと個別リスクの両方から決まってくるので、この表現は厳密とは言えません。しかし、一般に個別リスクは市場リスクよりも小さいと考えて問題ない場合が多いので、市場リスクの大きさを表すβを「価格変動の激しさ」と捉えてしまっても大きな問題はありません。以上のようにCAPMでは、ある証券の価格変動の激しさと期待リターンの大きさを、βという便利な指標で表すわけです。

実務では、市場ポートフォリオはTOPIXや日経平均株価などの市場インデックスで代用します。例えば、ある証券会社のホームページにトヨタ株のβが1.2だと表記されていたならば、それは、トヨタ株がTOPIX（あるいは日経平均株価）に比べて価格変動が1.2倍激しく、期待リターンは「1.2×（TOPIXの期待リターン－無リスク金利）＋無リスク金利」で表されるということです。ちなみに、無リスク金利の値としては、財務省のホームページ等から取得できる国債金利を用いることが多いです。

⑤ CAPMが世界に与えた影響

これで、CAPMの説明が一通り終わりました。CAPMの説明で出てきた用語、例えば市場ポートフォリオ、市場リスクプレミアム、効率的フロンティア、接点ポートフォリオ、資本市場線、証券市場線などのワードは実務でも頻繁に登場します。特に金融業界に勤める方にとっては常識として知っておくべき知識なので、覚えておくと良いでしょう。

次に、CAPMが実務でどのように活用されているかを見ていきましょう。CAPMを実務へ応用する際には、少し工夫が必要です。というのも、CAPMが想定している「市場ポートフォリオ」は、全世界に存在する全て

のリスク性資産から成るポートフォリオを意味しているからです。これには、不動産や未上場株式など、情報公開が極めて限定的で市場の全貌がよくわからない資産も含まれているため、真の意味での「市場ポートフォリオ」を知るのは難しいのです。そこで実務の世界では、それぞれの資産クラスの動きを代表する**市場インデックス**を市場ポートフォリオの代替と見なして利用しています。

市場インデックスは市場全体の動きを表す指標のことで、例えば日本の株式市場のインデックスとしてはTOPIXや日経平均などが有名です。TOPIXは、東証一部上場企業の株価の時価総額加重平均値（時価総額が大きい銘柄ほど高いウェイトをかけて平均をとったもの）であり、日経平均は、日本の代表的な企業225社の株価の単純平均（時価総額に関係なく、等しいウェイトで平均をとったもの）です。東証一部上場企業や日経平均に採用されている銘柄はいずれも日本経済を代表する企業なので、その株価動向は日本の株式市場全体の動向をよく捉えていると言えます。そのため、TOPIXや日経平均は、日本の株式市場全体の動きを表す市場インデックスとして活用されています。

CAPMでは、市場ポートフォリオと同じ投資比率で投資するのが最適であると考えます。その考え方を応用し、市場インデックスと同じ投資比率で投資をするのが**インデックス運用**（または**パッシブ運用**）です。インデックス運用とは、日経平均株価やTOPIXなどの市場インデックスに連動する収益を上げる運用手法のことです。プライシング理論の章でも少し触れました。

インデックス運用の例としては、TOPIX連動型ETFがあります。これは、TOPIXの動きに合わせて収益が出るETF（上場投資信託）のことです。TOPIX連動型ETFは、東証一部上場企業の株を時価総額に比例した投資比率で保有しています。そうすることによって、TOPIXの動きとETFの騰落を連動させているのです。その他にも、日経平均株価、S&P500指数（米国

の株価指数）、NOMURA-BPI（野村證券が提供する、債券市場の指数）などの様々な指数に連動する投資信託が販売されています。

　これらの市場インデックスは、どのように計算されているかが公開されており、市場全体の動きを表すものとして多くの投資家に認知されているので、それらが想定している投資比率を真似することで、市場ポートフォリオに投資しているとみなせるわけです。「自分たちで投資比率をあれこれ考えなくても、単に代表的な市場インデックスの投資比率を真似すればいいのだ」という発想がCAPMから生まれたわけです。

　インデックス運用は、様々な投資手法の中でも最も大きなシェアを誇り、その残高は年々拡大を続けています。専門知識をそれほど持たない個人投資家でも理解が容易なことから、資産運用が世間に浸透するのに大いに貢献したと言えるでしょう。

3　CAPMの先へ

　本章ではCAPMについて紹介してきましたが、ポートフォリオ理論には他にも様々なバリエーションがあります。その中でも、実務でよく使われている代表的なものを紹介したいと思います。それぞれの理論を理解するための近道は、CAPMとの対比で考えていくことです。CAPMとの違いは何かを意識しながら読み進めてみてください。

　一番重要な話から先にしてしまうと、**モデルの違いは「どのようなリスクをリターンの源泉とみなすか」についての考え方の違い**からきています。この言葉だけではわかりづらいかもしれませんが、この先を読み進めていただくと、その意味するところが明確になると思います。

3.1　マルチファクターモデル

　現実の市場における様々な証券の動きを分析してみると、CAPMの当てはまりは必ずしもよくないということがわかっています。その主な要因は、CAPMが市場リスクプレミアムという、たった1つのファクターのみで全ての証券を説明しようとしている点にあります。1つのファクターのみで全ての証券の動きを説明するのは難しいということです。

　そこで、市場を動かす要因は実は複数あると考え、複数のファクターで証券の動きを説明しようとする考え方が今は主流です。それらを総称して**マルチファクターモデル**と呼びます。CAPMではリターンの源泉は市場リスクだけでしたが、マルチファクターモデルはリターンの源泉を複数考え、それぞれに対応するファクターが登場します。

CAPMでの議論を思い出してもらいたいのですが、市場リスクがリターンの源泉になるのは、それが分散投資によって消すことができないリスクだからでした。つまり、CAPMでは、分散投資によって打ち消せないリスクが１種類だけあり、それが全ての証券のリターンの源泉になっていると考えています。これに対し、**マルチファクターモデルでは、分散投資で消すことができないリスクが複数種類あり、それらがリターンの源泉になると考えます**。分散投資で消すことができないリスクには対価が必要という考え方は、CAPMに限らず投資理論の基本となるものなので、この考え方はとても重要です。

① **マルチファクターモデルの理論的土台であるAPTについて**

　マルチファクターモデルでは、分散投資で消すことができないリスクが複数種類あると考え、それらを**ファクター・リスク**と呼びます。そして、それぞれのファクター・リスクを取る対価として得られる追加的なリターンを**ファクター・リスクプレミアム**と呼びます。それぞれのファクター・リスクには、それを表現するファクターを用意します。ちなみにCAPMは、ファクターが１種類だけのマルチファクターモデルと考えることもできます。この場合、市場リスクプレミアム（＝市場ポートフォリオの期待リターン−無リスク金利）がファクター・リスクプレミアムで、市場ポートフォリオ（のリターン）がファクターということになります。

　このようなマルチファクターモデルの考え方を理論的に整理したものが、**APT（Arbitrage Pricing Theory）**と呼ばれる理論です。日本語では、**裁定価格理論**と呼びます。この理論は、「経済的に同じ価値を持つ証券は、同じ価格になる」という**無裁定条件**の考え方が根拠になっています。なぜそんなことが言えるかについて考えてみましょう。仮に、ある企業の株式がニューヨーク証券取引所では100ドル、シンガポール証券取引所では101ドルで取引されていたとしましょう。この場合、ニューヨーク証券取引所でその株を100ドルで１株買い、シンガポール証券取引所で101ドルで売れば、差し

引き1ドルを儲けることができます。※ もちろん、売り買いの株数を増やせば、千ドル、1万ドルと儲けを増やしていけます。このように、経済的に同じ価値のものが異なる価格で取引されているときは、安い方で買い高い方で売ることで、全くリスクを負わずに利益を得ることができるわけです。このような取引を**裁定取引**と呼びます。また、裁定取引が行えるチャンスのことを**裁定機会**と呼びます。

※ ここでは、取引手数料等は無視できると仮定しています。

　裁定機会が存在すればリスクを負わずに儲けることができるわけですから、それを見つけた投資家は裁定取引を行って儲けようとするはずです。この裁定取引の影響を受け、ニューヨーク証券取引所での株価は買いが優勢となるため上昇していきます。一方、シンガポール証券取引所では売りが優勢となるため株価が下落していきます。そして、両取引所における株価が一致したところで、裁定機会が消滅します。

　つまり、経済的に同じ価値を持つ証券がたまたま異なる価格で取引されていたとしても、それを見つけた人が裁定取引を行うことによって同じ価格に収斂するので、「経済的に同じ価値を持つ証券は、同じ価格になる」と考えてよいということです。このような考え方は、経済学における「一物一価の法則」（同じ経済的価値を持つ財やサービスは、同じ価格になる）を金融商品に適用したものと言えます。

　ファイナンス理論では、リターンはリスクの対価と考えます。投資家にとっての証券の経済的価値とは「いくら儲かるか」、つまりリターンですから、証券の経済的価値は、その証券の持つリスクによって決まっているとみなすことができます。CAPMでは、証券のリスクはβによって表せると学びました。APTではこのβが複数登場し、証券のリスクは各ファクターごとのβによって表せると考えます。ということは、ある2つの証券において、各

ファクターの β の値が完全に同じならば、先ほどの無裁定の考え方によって、同じ経済的価値、即ち同じ期待リターンを持つと考えられるわけです。このような議論から、APTでは証券の期待リターンが各ファクターの β の値によって決定される、つまり、証券の期待リターンをファクターの式で表せると結論付けます。具体的には、以下のような式が成り立つと考えます。

証券の期待リターン ＝ β_1 ×ファクター1のリスクプレミアム
　　　　　　　　　＋ β_2 ×ファクター2のリスクプレミアム
　　　　　　　　　＋ β_3 ×ファクター3のリスクプレミアム
　　　　　　　　　……
　　　　　　　　　＋無リスク金利

APTは、証券の動きを説明するファクターが何で、何種類あるのかについては何も教えてくれません。逆に言えば、それは投資家が自分自身で決めていいのです。もっと学術的な言い方をすれば、ファクターの数や種類の決定は実証研究（実際の市場データを使った研究）に委ねるということです。一旦ファクターの数と種類が決まってしまえば、あとはCAPMと同様に、それぞれのファクターに対応する β を計算し、それをもとに証券の期待リターンを求めるわけです。

※　厳密に言うと、APTでは β のことを因子負荷量と呼びますが、CAPMにおける β と同じ概念と考えて差支えないので、本書では β と呼びます。

APTが前提としている無裁定条件は、ファイナンス理論の世界では基本的に大前提とみなされるものです。つまり、APTはCAPMと違って、がんじがらめにいろんな仮定を置いているわけではないのです。CAPMは、多くの強い仮定を置くことで「市場ポートフォリオと無リスク資産を持てばよい」といった具体的な結論が出てきたのでした。一方でAPTは、無裁定条件くらいしか前提を置いていないためにあまり具体的な結論も出てこず、ファクターの数や種類は理論の外で決める必要が出てくるわけです。逆に言え

ば、それだけ柔軟な理論とも言えます。

　実際にポートフォリオを構築する際は、それぞれのファクターごとにどれくらいのβを取るかを考えることで投資比率を決めていきます。例えば、証券Aと証券Bからなるポートフォリオがあり、1番目のファクターに関するポートフォリオのβを1、2番目のファクターのβを0にしたいとしましょう。1番目のファクターに対する証券Aのβは2.5、証券Bのβは6.0、2番目のファクターに対する証券Aのβは1.3、証券Bのβは2.6だとします。この場合、証券Bを1単位買い、証券Aを2単位売れば、1番目のファクターに対するポートフォリオのβを1（$1\times6.0-2\times2.5=1$）、2番目のファクターに対するβをゼロ（$1\times2.6-2\times1.3=0$）にできます。このようにして、それぞれのファクターごとにポートフォリオ全体でどれくらいのβを取りたいのかを決めれば、投資比率が決まってくるわけです。

② Fama-Frenchの3ファクター・モデル

　マルチファクターモデルの枠組みがわかったところで、具体的にはどんなファクターが使われているのかを紹介しましょう。そのために、マルチファクターモデルの代表格であるFama-Frenchの3ファクター・モデルを紹介します。このモデルは、CAPMを拡張したものとして位置付けることができます。具体的に言うと、市場リスクプレミアムに加えて、小型株ファクター（SMB）とサイズファクター（HML）という2種類のファクターを用いて、合計3種類のファクターで株式のリターンが説明できると考えます。式にすると、次のようになります。

$$\text{証券iの期待リターン} = \beta \times \text{市場リスクプレミアム} + \beta_{SMB} \times \text{SMB} + \beta_{HML} \times \text{HML} + \text{無リスク金利}$$

　CAPMの期待リターンの式と似ていますが、$\beta_{SMB}\times\text{SMB}+\beta_{HML}\times\text{HML}$という項が加わっています。この部分がCAPMと違うところで、新しく追加した2種類のファクターを表しています。なぜファクターを追加す

るかというと、1種類のファクターだけでは市場の動きをうまく捉えきれない場合があるからです。実際の金融市場のデータを用いて検証を行うと、CAPMでは捉え切れていない市場の動きがありそうだということが、Famaなどの研究者によって指摘されてきました。ある理論を前提としたときに、その理論では説明できない証券の動きのことを**アノマリー**と呼びますが、アノマリーが観測されたとき、それは大きく分けて2つの要因が考えられます。一つは、市場の非効率性（金融制度や市場の成熟度などの問題から、証券の取引が完全に自由ではない状態）からくる価格の歪みが原因であるという考え方。もう一つは、理論自体が不完全で、市場の本質を捉え切れていないという考え方です。前者が真実であれば、歪みはたまたまで、いずれ消えていきます。けれども、後者が真実であれば、歪みは実は歪みではなく、理論の方を修正する必要があるのです。

このモデルを開発したFamaとFrenchは、後者の立場を取ったのでした。そして、CAPMに新たなファクターを追加することで、見逃されていた要因を理論に取り込もうと考えたわけです。

追加された新たなファクターについて説明しておきましょう。SMBは、「Small minus Big」の略で、**小型株**（時価総額が小さな銘柄）のパフォーマンスと**大型株**（時価総額が大きな銘柄）のパフォーマンスの差を表しています。

なぜ、このようなファクターを考えるのでしょう？　実際の株価データに基づいた分析によって、小型株は大型株よりも高いリターンを出す傾向が知られており、**小型株効果**と呼ばれています。これは、小型株を保有することの見返りとして追加的なプレミアムが得られるからだと考えられています。大型株はトヨタなどの時価総額が大きな銘柄のことで、小型株は中小企業など時価総額が小さな銘柄のことを指しますが、一般的には、時価総額の大きな企業の方が時価総額の小さな企業よりも経営が安定していて、株式の安全

性も高い傾向がありそうです。そのため投資家は、小型株を保有するリスクの見返りとして、大型株よりも高い期待リターンを求めると考えられます。このような、小型株を保有する見返りとしての期待リターンの上昇幅を小型株プレミアムと呼びます。SMBは、小型株プレミアムを表現するファクターというわけです。

　もう一つのHMLは「High minus Low」の略で、簿価時価比率が高い銘柄と低い銘柄のパフォーマンスの差を示しています。簿価時価比率とは、株式の簿価（会計上の価格）を時価（市場で取引されている価格）で割ったもので、市場で取引されている株価が簿価と比べて割安か割高かを判断する目安になります。簿価時価比率が高いほど、市場においてその銘柄が簿価対比で低く評価されている、つまり割安ということになりますが、このような銘柄を**バリュー株**と呼びます。なぜこのようなことを考えるかというと、簿価時価比率が高い株式ほどリターンが高くなる傾向が知られているからで、**バリュー株効果**と呼ばれています。

　一方、簿価時価比率が小さく簿価対比での割安感はなかったとしても、今後の企業収益の成長による株価上昇が見込める場合は、その銘柄を保有したいと考えるでしょう。そのような銘柄のことを**グロース株**と呼びます。HMLは、バリュー株とグロース株のパフォーマンスの差を表しているのです。

　Fama-Frenchの3ファクター・モデルでは、市場ポートフォリオのβの他に、SMB、HMLのベータに相当するβ_{SMB}、β_{HML}が出てきます。これらの値を推計するには、CAPMでβを推計するのに用いたのと同じ方法を使います。CAPMでは、市場ポートフォリオと証券のリターンデータから標準偏差と相関を計算し、それらを使ってβを求めました（本章❷❸④参照）。ということは、SMB、HMLのリターンデータがあれば、同じ方法でβ_{SMB}、β_{HML}を求めることができます。そのために、SMB、HMLのリターンデータをどのように作ればいいかを考えましょう。

SMB、HMLのリターンデータを作る際は、まず、株式市場に存在する銘柄を時価総額と簿価時価比率を基準に6つのグループに分けます。分け方は、下表の通りです。時価総額は上位50％か下位50％かを基準に分け、簿価時価比率は上位30％、下位30％、その中間の3つに切り分けます。

■表7　Fama-Frenchの3ファクター・モデルにおける銘柄のグループ分け

		時価総額	
		下位50％	上位50％
簿価時価比率	上位30％	①	④
	中間	②	⑤
	下位30％	③	⑥

　次に、それぞれのグループに所属している銘柄の時価総額加重平均ポートフォリオを作成します。例えば、グループ①に所属している全ての銘柄の時価総額を調べ、時価総額の大きさに比例した投資ウェイトでそれらの銘柄を保有するポートフォリオを考えるわけです。このようにして、①〜⑥の6つのポートフォリオが出来上がります。SMBとHMLのリターンは、これらのポートフォリオのリターンを用いて次のように計算します。

　SMB =（①、②、③の単純平均リターン）－（④、⑤、⑥の単純平均リターン）
　HML =（①、④の単純平均リターン）－（③、⑥の単純平均リターン）

　SMBの式を見ると、①・②・③は時価総額が下位50％、④・⑤・⑥は上位50％なので、時価総額の低い銘柄のリターンから高い銘柄のリターンを引いたものになっています。そうやって、小型株と大型株のパフォーマンス差を数値化しているわけです。HMLを見ると、①・④は簿価時価比率が上位30％、③・⑥は下位30％なので、簿価対比で割安な銘柄と割高な銘柄のパフォーマンス差を数値化していることになります。このようにして作成し

たSMB、HMLのリターンデータと証券のリターンデータを使って、β_{SMB}、β_{HML}を求めます。

　以上がFama-Frenchの3ファクター・モデルの概要です。要点は、株式を小型株・大型株、バリュー株・グロース株に分類するという点です。実務では、バリュー株・グロース株の分類を簿価時価比率のみで行うのではなく、企業の財務情報や将来性などの様々な要素を考慮した上で、割安か、成長が見込めそうかを判断して分類します。このモデルに着想を得た運用手法としてスタイル運用があります。スタイル運用では、大型株・小型株、バリュー株・グロース株のそれぞれについて、どれくらいのβ（または投資比率）を取るかを予め決めておき、最初に決めたβ（または投資比率）のバランスが守られているかを定期的にチェックしながら運用していきます。

　CAPMでは、個別リスクはリターンの源泉ではないと考えますが、この点についてはマルチファクターモデルも同じです。例えば、Fama-Frenchの3ファクター・モデルでは、リターンの源泉となるファクター・リスクが3種類あると考えますが、この3つのファクターで説明できない証券の動きは個別リスクに由来すると考えます。つまり、**基本的な考え方はCAPMと共通しているのですが、分散投資で消せないリスクが何種類あるかという点で見解が異なるわけです**。

　Fama-Frenchの3ファクター・モデルでは、小型株効果やバリュー株効果を表現するポートフォリオを作り、そのリターンをファクターとみなしました。それ以外には、銘柄ごとのβの大きさや標準偏差の大きさの違いに着目してファクターを作る方法や、主成分分析と呼ばれる統計技術を使ってファクターを作り出す方法などがあります。このように、ファクターを考えて、それに基づいて投資を行う手法を**スマートベータ戦略**とも呼びます。

　どのようなファクターを使うのが良いかは、投資対象となる資産クラスや

金融市場の状況、投資家の好みなど様々な要因によって変わってきます。ファクターが多いモデルの方が優れているかというと、そういうわけではありません。

　$β$の値は過去の市場データを使って推計しますが、市場データそのものは日々の価格の羅列に過ぎないため、その価格変動のうちどこまでがファクター・リスク由来で、どこまでが個別リスク由来かは"神のみぞ知る"ところです。ファクターの数が多いほど、それぞれのファクターに対応する$β$の値を微調整することで過去データへの当てはまりを良くすることができますが、当てはまりを良くしすぎると個別リスクに由来する動きまでもが$β$に反映されてしまい、肝心な将来の証券価格の動きについての予測力が下がってしまうことがあります。このような現象を**オーバーフィッティング（Overfitting）**と呼びます。過去のデータに過度（Over）に合わせて（fitting）しまうと、モデルの精度が下がるということです。

　ファクターの数が多くなるほど、様々な要素をモデルに取り入れることができる一方、オーバーフィッティングに陥ってしまう可能性も高くなります。実務に応用する際は、両者のバランスを考えつつ、ファクターの数や種類を慎重に選ぶ必要があります。実務への応用例を見ると、ファクター数が非常に多いケースもありますが、多くの場合、ファクターの数は数種類程度です。私自身も、5種類のファクターを使って業種別の株価パフォーマンスを予測する投資モデルを開発した経験があります。

3 2　最小分散ポートフォリオ

　CAPMを含むマルチファクターモデルが最も基本となる投資理論ですが、ここでは他の考え方も紹介しましょう。マルチファクターモデルは期待リターンとリスクの両方を考えていましたが、実務上、期待リターンについて信頼のおける推計値を求めることは一般的に難しいとされています。期待リタ

ーンは、要するに「将来いくら儲かるか」を推計しているわけですが、将来いくら儲かるかを現時点で予測するのはそう簡単ではないということです。多くの場合、将来のリターンを予測する際は過去の実績リターンを参考にしますが、過去にその証券やファンドが高いリターンを出していたからといって、今後も同じくらい高いリターンが出せるという保証にはなりません。それぞれの資産クラスを専門とする証券アナリスト（高度な専門知識を活用して証券の価格動向の予測等を行う専門職）を雇い、彼らの予測を使うという方法もありますが、証券アナリストは一般に年収が高く人件費がかさむ上に、プロの予測も外れることの方がむしろ多いというのが実情です。それほど、将来のリターンの予測は難しいのです。

　一方で、その資産の価格がどれくらい激しく動くか、つまりリスクについては、比較的推計がしやすいとされています。そのため、いっそのこと期待リターンの推計をあきらめて、リスクの情報だけでポートフォリオを構築しようという考え方もあります。その代表的な例が、最小分散ポートフォリオです。

　最小分散ポートフォリオとは、ポートフォリオの投資比率を変えていって、標準偏差が最も小さくなった時点の投資比率を採用するという方法です。CAPMの説明で出てきた表を再掲しますが、この例で言うと、株式Aが30％、債券Bが70％の時に最も標準偏差が小さくなっていますので、この場合の最小分散ポートフォリオは「株式A　30％、債券B　70％」ということになります。

■表8　株式A・債券Bからなるポートフォリオ（再掲）

株式A	0%	10%	20%	30%	40%	50%	60%	70%	80%	90%	100%
債券B	100%	90%	80%	70%	60%	50%	40%	30%	20%	10%	0%
ポートフォリオの期待収益率	1.06%	1.17%	1.27%	1.38%	1.49%	1.59%	1.70%	1.80%	1.91%	2.02%	2.12%
ポートフォリオの標準偏差	1.60%	1.18%	0.89%	0.86%	1.11%	1.50%	1.96%	2.45%	2.94%	3.45%	3.96%

最小分散ポートフォリオ

　期待リターンを推計しなくてよいという点は実務上では大きなメリットとなることから、最小分散ポートフォリオは多くの金融機関で採用されています。例えば、私が以前勤めていたメガバンクでは、日本国債と日本株の保有比率を、最小分散ポートフォリオを参考に決定していました。

　ただし、最小分散ポートフォリオを採用する投資家が、期待リターンを一切無視するというわけではありません。そのポートフォリオでどの程度儲かりそうかは誰もが気にするので、ポートフォリオの期待リターンの推計自体は行うでしょう。ただ、投資比率を決める際の情報としては用いないということです。

3 3 リスク・パリティとリスク・バジェッティング

　期待リターンの情報を使わない戦略としては、**リスク・パリティ戦略**も有名です。リスク・パリティ戦略は、リスク（標準偏差）の大きな資産は投資比率を小さく、リスクの小さな資産は投資比率を大きくすることで、資産ごとにリスクが均等に割り振られるようにする考え方です。表9に、リスク・パリティ戦略の例を示しました。国内株式、国内債券、海外株式、海外債券という4つの資産クラスに、標準偏差の大きさに反比例した投資比率を適用

することで、各資産クラスのリスク割り当て（標準偏差×投資比率）を均等にしています。

■表9　リスク・パリティ戦略の例

資産クラス	国内株式	国内債券	海外株式	海外債券	計
標準偏差	15%	5%	20%	10%	
投資比率	16%	48%	12%	24%	100%
標準偏差×投資比率	15%×16%＝2.4%	2.4%	2.4%	2.4%	

　もちろん、リスクを必ず均等にしなければならないということはありません。例えば、国内株式に他の資産クラスの倍のリスクを割り当てたい場合もあるでしょう。そのように、リスクの配分が資産ごとに異なる戦略は**リスク・バジェッティング**と呼びます。

3 4 インデックス運用とアクティブ運用

　CAPMに関する説明の中で、インデックス運用について触れました。市場ポートフォリオが効率的だという考え方に基づき、市場インデックスと同程度のパフォーマンスを目指すのがインデックス運用です。

　一方、「自分たちは、市場インデックスよりも高いパフォーマンスを出せるぞ！」と主張して投資家のお金を募るファンドも存在します。このように、市場インデックスよりも高いパフォーマンスを狙う運用を**アクティブ運用**と呼びます。インデックス運用は、市場インデックスの銘柄構成比率とファンドの投資比率を一致させることで市場インデックスと同等のパフォーマンスを目指しますが、アクティブ運用は、ファンドの投資比率を市場インデックスの銘柄構成比率から意図的にずらすことで、市場インデックスよりも高いリターンを目指します。

アクティブ運用は、市場ポートフォリオがベストだというCAPMの教えを真っ向から否定しにかかっているわけですが、CAPMはあくまで理論に過ぎず、実際の市場がその通りに動いているという保証はどこにもありません。そのため、他人よりも金持ちになりたいという多くの人の野望を取り込んで、アクティブ運用は投資の世界における大きな潮流の一つとなっています。

　アクティブ運用において、投資比率を市場インデックスからずらすことによって生み出された追加的な収益を**アルファ**または**アクティブリターン**と呼びます。ちなみに、アルファは必ずプラスになるというわけではありません。投資比率を市場インデックスからずらすことよって市場インデックスよりもパフォーマンスが低くなってしまった場合は、マイナスのアルファが発生したことになります。もちろん、全てのアクティブ運用ファンドはプラスのアルファを目指しているのですが、世の中そんなにうまくいくとは限りません。

　また、投資比率を市場インデックスからずらすことによって、リスク（標準偏差）も市場インデックスからずれることになります。そうやって追加的に発生したリスクを**アクティブリスク**と呼びます。そして、アクティブリターンをアクティブリスクで割った値を**インフォメーション・レシオ**と呼びます。アクティブ運用では一般に、アクティブリスクをどこまで取れるかについて制限が設けられています。決められた範囲の中でアクティブリスクを取り、できるだけ高いアクティブリターンの実現を目指すわけです。つまり、インフォメーション・レシオが高いほど優秀なファンドということになります。

　例えば、TOPIX（東証株価指数）をベンチマークとしたアクティブ運用を考えてみましょう。TOPIXは、東京証券取引所の市場第一部に上場する全銘柄（約2000銘柄）を対象に算出される株価指数です。TOPIXにおける各銘柄の構成比率は株式時価総額に比例するように決められており、例えば

三菱UFJは1.7％、みずほFGは0.8％等となっています。インデックス運用では、TOPIXを構成する約2000銘柄をTOPIXにおける構成比率と同じ比率だけ保有することになります。アクティブ運用でも、ベースとなる投資比率はインデックス運用と同様なのですが、ファンドマネージャーの市場見通しを反映させて投資比率を適宜変更します。例えば、三菱UFJがアウトパフォーム（他の銘柄よりも高いパフォーマンスを実現すること）し、みずほFGがアンダーパフォーム（他の銘柄よりも低いパフォーマンスを実現すること）すると予測したら、三菱UFJの投資比率を1.7％よりも高くし、みずほFGの投資比率を0.8％よりも低くします。このようにして、ファンドマネージャーの見通しを反映させて投資比率を調整することで、市場インデックスよりも高いパフォーマンスの実現を目指すのです。

　アクティブ運用は、インデックス運用に比べると投資家が支払わなければならない手数料が高いという特徴があります。証券市場に精通し、個々の証券の動向について優れた見通しを持つファンドマネージャーやアナリストを雇わなければならないので、インデックス運用に比べると人件費をはじめとしたコストがよりかかるためです。その分儲かるなら何も問題はないのですが、多くの実証研究によって、大部分のアクティブ運用ファンドはプラスのアルファを生み出せていないという指摘がなされています。アクティブ運用ファンドに投資する場合は、手数料に見合うだけのリターンが見込めそうかどうか入念なリサーチを行い、自分で十分納得した上で投資した方がいいでしょう。

4　まとめ　ポートフォリオ理論を学ぶことの意義

　実務では、それぞれの理論がそのままの形で実装されているとは限りません。いくつかの理論を融合していたり、理論からアイデアの一部を拝借しているものの細部は異なっていたりします。大切なのは、理論を忠実に実装することではなく、理論が提供してくれるアイデアを活かし、自分たちの状況に合った投資戦略に落とし込んでいくことです。その際は、本章で出てきた様々な概念や考え方が、創意工夫の助けとなることでしょう。

　また、個人の資産運用に関して補足すると、最適なポートフォリオはそれぞれのライフステージや職業等によって変わってきます。というのも、人間そのものが、一種の資産と考えられるからです。人間は、仕事を通じて報酬というキャッシュフローを生み出します。プライシング理論の章で見たように、キャッシュフローを生み出すものは資産とみなせるので、人間自身も資産の一種と考えることができます。このようにして、人間を資産と捉えた時の価値のことを**ヒューマン・キャピタル**と呼びます。より具体的に言うと、ヒューマン・キャピタルは、その人が現時点から退職までの期間に仕事を通じて受け取る報酬の現在価値に相当します。

　個々人にとっての最適なポートフォリオを考えるときは、ヒューマン・キャピタルの性質を考慮する必要があります。例えば公務員は、リストラの危険が低く給料も安定しているため、報酬のキャッシュフローが急になくなってしまう可能性は低く、変動もあまりしません。これと似た性質を持つ金融商品としては、高格付債（信用格付が高い債券）※が挙げられます。なぜならば、高格付債は信用リスクが低いため、倒産によって急にキャッシュフローが消えてしまう可能性が低いですし、価格変動リスクも限定的だからです。つまり、公務員のヒューマン・キャピタルは、格付の高い債券に似た性質を

持っているということです。したがって、金融資産の方では、株式等の比較的リスクの高い資産を多めに持ち、ポートフォリオの期待リターンを高める戦略が有効という考え方ができます。

※ より正確には、一部分だけの償還が定期的に行われ、次第に残高が減っていくタイプの高格付債（このような償還方法をアモチゼーションと呼びます）が最も近いと言えます。なぜならば、年を取って引退が近づくにつれてヒューマン・キャピタルは減少していくからです。

　一方、株式トレーダーを職業としている人は、報酬が株式トレーディングからの収益に連動しているため、報酬のキャッシュフローが株式市場の動向に大きく影響を受けます。つまり、ヒューマン・キャピタルと株式市場が高い正の相関を持っているわけです。その場合、ポートフォリオの中に株式を入れすぎるのは避けた方がよいでしょう。株式のリスクは、ヒューマン・キャピタルの方で十分に取っているからです。そのため、金融資産の方では債券など安全性の高い資産への配分を大きめにして、安全性を重視した運用を心がけた方がよさそうです。

　このように、金融資産（ファイナンシャル・キャピタル）だけを見るのではなく、ヒューマン・キャピタルも考慮に入れて運用計画を立てるのがより望ましいと言えます。ファイナンシャル・キャピタルとヒューマン・キャピタルの合計を**トータル・ウェルス（Total Wealth）**と呼びますが、ファイナンシャル・キャピタルだけを見るのではなく、トータル・ウェルスを考えなければならないということです。

　また、CAPMのところで説明したように、一般的には年齢が若いほど株などのリスクの高い資産を多めに保有する方が望ましく、年齢が高くなるほど債券など安全性の高い資産を多めに保有する方が好ましいという考え方があり、年齢やライフステージも最適ポートフォリオを考える上で重要な情報になります。多くの読者の方は、「結局のところ、自分自身はどのような投資をすればいいのか？」といった点について最も興味がおありでしょう。しかし、どのようなポートフォリオがふさわしいかは個々人の状況次第で変わ

っていくもので、例えば年収がいくらで、何歳だからこのようなポートフォリオが最適といったような単純なマッピングができるものではありません。ポートフォリオを組み立てる上では、想定している投資期間、税制や法律、収入や支出が今後どのように推移するかの見込み、その他様々な事情を考慮する必要があります。

　そう考えると、やはり証券会社、銀行、ファイナンシャルプランナーなどの専門家に相談するのが第一歩と考えられるわけですが、彼らは自分たちの報酬と販売実績が連動しており、手数料が高い（自分たちの実入りのよい）運用商品を勧めてくることもしばしばです。

　ファンドそのもののリターンの良し悪しにかかわらず、手数料は"確実に損する"部分ですので、安いに越したことはありません。例えば、本章で説明したようにアクティブ運用ファンドはインデックス運用に比べて手数料が高いことが多いですが、手数料が高い運用商品が必ずしもリターンが高いというわけではありません。ポートフォリオを構築する際は、手数料が比較的安いインデックス運用ファンドを主体として、好みに応じてアクティブ運用ファンドも検討するという方向性をお勧めします。手軽に分散投資を実現できる投資手法としては、バランス型投資信託が1つの選択肢になると思います。バランス型投資信託は、いくつかの資産クラスに決まった比率で分散投資を行うので、バランス型投資信託に投資すれば、様々な資産クラスへの分散投資を自動的に行えます。

　仕組みが理解できない複雑な商品に投資するのはお勧めできません。複雑な商品は、その複雑さの中に紛れ込ませて投資家に大きなリスクを取らせていたり、実はかなりの手数料を抜かれていたりということが往々にしてあります。よく理解できないまま契約書にサインをするのは避けた方が賢明です。

　いずれにせよ、運用についての基本的な知識を持たずに相談に行くのと、

本書に書いてあるような内容を知った上で相談に行くのとでは、証券会社・銀行やファイナンシャルプランナーの態度も大きく変わってくるでしょう。そういう意味で、本書の知識は自己防衛の手段として大いに役立つと思います。パッシブ運用がCAPMから生み出されたもので、分散が効いた効率的な投資戦略であることを知っている人に、手数料が高いアクティブ運用や複雑な投資商品をむやみに勧めるのは、証券会社の営業担当としてもやりづらいと思います。そういう"やりづらい"顧客になることが、より良い資産形成をする上での第一歩となるのです。「知識で武装した上で専門家に相談する」ということ、ぜひご検討ください。

　ポートフォリオ理論には様々な考え方が含まれますが、大切なのは、それらのアイデアを吸収し、どのようなポートフォリオを構築すべきかについて、自分なりの視点で考えられるようになることです。

　特に、分散投資の考え方は最も重要になります。自分自身でポートフォリオを構築する際は、ある特定の銘柄や資産クラスにリスクが集中していないか、注意することが大切です。この点は、世間に理解が浸透しているとは言い難く、世界的に実施されている金融リテラシー調査※では、「1社の株を買うことは、通常、株式投資信託（何社かの株式に投資する金融商品）を買うよりも安全な投資である」という文章が正しいか誤りかという質問に対して、日本人は半数未満の人しか正解（「誤り」）を選べていなかったようです。ドイツや英国では6割近くが正解しており、日本に比べると分散投資に対する世間の理解が進んでいることが見てとれます。

※『「金融リテラシー調査」の結果』（2016年）金融広報中央委員会

　また、「リスクを取らなければリターンは得られない」という点もとても重要です。日本では、興味がないし必要性を感じないから、投資は特に行っていないという人が多くいますが、実際は投資を行っていないのではなく、「銀行預金に100％投資している」のです。長期的な視点で考えれば、きち

んと分散投資を行うことでリスクに見合ったリターンを得ることができ、銀行預金に100％投資するよりも良い結果が期待できますよ、というのがファイナンス理論からのメッセージです。

第3章

リスク管理

適切なリスクとは？
致命的な損失を避けるには？

1 リスクとは何か

　ポートフォリオ理論の章では、リスク・リターンのバランスを考えて効率的なポートフォリオを構築する方法を学びましたが、その中で、リスクという概念がいかに大切かを説明しました。適切なリスクを取らなければ望むリターンが得られない一方で、リスクを取りすぎると、大きな損失を被る可能性にさらされます。そこで、投資を行う際は、リスクを適切なレベルに保つよう管理する必要が生じます。"適切な"レベルというのは、ポートフォリオのリスクが低すぎると目標リターンを達成できず、高すぎると大きな損失を被ってしまう可能性を抱えることから、その中間の程よい落ち着きどころということです。そのために、投資から生じるリスクをモニタリングし、適切な水準を維持する**リスク管理**が重要になってきます。

　リスクが増えすぎないようにする方法を考えるとき、すぐに思いつくのは投資金額ベースで制限を設けるという方法でしょう。例えば、1000万円の株式ポートフォリオを構築する際、一銘柄当たりの投資金額を最大10万円（ポートフォリオ全体の１％）に制限しておけば、限られた銘柄に投資資金が集中するのを避けることができます。けれども、この方法は、銘柄ごとに値動きの激しさが異なるという点を考慮していません。そのため、投資金額ベースの制限だけでは不十分と言えます。

　例えば、製薬や小売りなどはディフェンシブ銘柄と呼ばれていて、業績が景気変動の影響を受けにくいとされています。そのため、株価も大きな変動は少なく、安定して推移する傾向にあります。つまり、ディフェンシブ銘柄は一般的にリターンの標準偏差が小さいのです。一方で、自動車などの景気敏感株は標準偏差が大きい傾向にあります。

価格変動の穏やかな銘柄と激しい銘柄を同じ金額だけ保有していたら、ポートフォリオのパフォーマンスは価格変動の激しい銘柄の影響を特に受けることになります。また、ポートフォリオ理論の章で見たように、複数の銘柄に投資する場合は、その分散効果も重要な要素として考えなければなりません。こういったことから、自分の保有しているポートフォリオを、投資金額だけでなくリスクの観点からも考える必要があります。

　本章では、リスクとは本質的には何なのかについて学び、どのように管理していくのかについて説明していきます。まずは、リスクという言葉について整理しておきましょう。ファイナンス理論におけるリスクという言葉は、日常用語としての「リスク」とは違った意味を持っています。普段使いの言葉で「リスク」というと、災害や事故など、何かマイナスのことが起きる可能性を指すのが通例です。けれども、ファイナンス理論におけるリスクは、マイナス方向の変化（ポートフォリオの損失や、企業におけるプロジェクトの失敗など）だけでなく、プラス方向の変化（ポートフォリオの価値の上昇や、プロジェクトの予想外の成功など）も含みます。つまり、良い方・悪い方といった方向に関係なく、想定と異なる結果になる可能性のことをリスクと呼んでいます。

「要は不確実性のことでしょ？」と思われた方がいると思いますが、不確実性という言葉とも少し違う意味を持ちます。具体的に言うと、ファイナンス理論では、**起こり得る出来事とその確率が事前にわかっている場合は"リスク"、わかっていない場合は"不確実性"**と呼んで区別します。

　例えば、袋の中に10個の玉が入っていて、そのうち1つが当たりだとしましょう。その袋から玉を1個取り出す場合、当たりを引く確率は10％、はずれを引く確率は90％です。袋の玉を全部取り出したら11個になっていたとか、当たりが5個に増えていたというような変なことは起こりません。この場合、当たりを引けるかどうかはやってみないとわかりませんが、「何が

どれくらいの確率で起こり得るか」という点については、事前に完全に把握できているのです。このように、起こり得る出来事とその確率が事前に分かっているけれども、そのうちどれが実際に起こるかわからない状況が"リスク"です。一方で、袋の中に当たりが何個、はずれが何個入っているのかわからない状況で玉を取り出す場合は"不確実性"になります。

ファイナンス理論で取り扱うのは、基本的には"不確実性"ではなく"リスク"の方です。なぜかというと、ファイナンス理論は、実際の市場に何らかの理論モデルを当てはめて説明しようとする学問だからです。理論モデルとは、「こういうことがこれくらいの確率で起きる」と教えてくれる数学的な体系のことです。その理論モデルが本当に市場をうまく説明できるかどうかはまた別の話ですが、少なくとも、ファイナンス理論における議論は何らかの理論モデルを前提として展開されるため、必然的にそこで取り扱っているのは"不確実性"ではなく"リスク"ということになります。この"リスク"という言葉の意味を踏まえた上で、ファイナンス理論においてリスクをどのように考えるかを学んでいきましょう。

投資家が関心を持っているのは、袋から当たりの玉を引けるかどうかではなく、自分が保有しているポートフォリオや証券からどれだけ損や得が出るかです。損得はどんな要因で発生するかというと、大きく分けて2パターンあります。1つめは、金融市場における株価や債券などの日々の値動きによって損得が生じる場合。2つめは、取引相手の債務不履行（デフォルト）によって、貸したお金が返ってこなくなってしまうことで損をする場合です。リスク管理においては、この2パターンを別々に考えて管理を行うのが一般的です。パターン1のように、金融市場における価格変動が原因で損得が生じるリスクを**市場リスク**、パターン2のように、取引相手の債務不履行によって損をしてしまうリスクを**信用リスク**といいます。

市場リスクは、あらゆる資産クラスが持っているリスクと言える一方で、

信用リスクは、基本的には債券や貸出といった形で国や企業にお金を貸している場合にだけ関係するリスクになります。※ さらに言えば、米国や日本などの主要先進国の国債（つまり国の借金）に関しては、実質的に信用リスクはゼロとみなすのが一般的です。ですから、信用リスクが関わってくるのは、新興国や企業に何らかの形でお金を貸している場合と考えればいいでしょう。そこで本章では、あらゆる資産クラスが関係している市場リスクを中心に説明します。

※ ここでは詳しくは触れませんが、金融機関同士が行うOTC取引と呼ばれる取引でも、信用リスクが関係してきます。

2　市場リスクの捉え方

　株式、債券、不動産、その他の様々な資産も、購入時点からずっと価格が変わらないということはまずなくて、日々の値動きによってポートフォリオから損が発生したり得が発生したりします。そういう意味で、市場リスクは全ての投資家に関係してくるものと言えます。

　市場リスクとは、金融市場における日々の価格変動によってリターン（即ち損得）が生じることでポートフォリオの価値が変化するリスクでした。例えば、毎日のリターンがいつも1％で変わらないならば、ポートフォリオの価値は毎日1％ずつ増えていくのでリスクを考える必要はありません。けれども実際は、リターンはプラス（得）になったりマイナス（損）になったりするし、その大きさも変化します。リターンは日々ブレるわけです。

　そこで、リターンは日々ブレるものだという事実を数学の言葉に置き換えて、ファイナンス理論に取り入れる必要があります。そのためには、「ある大きさのリターンがどれくらいの確率で起きるか」を示してあげればよいでしょう。例えば、株式Xのリターンのブレやすさを示すには、「リターンが0％以上5％以内となる確率は15％」のように、数字で明確に示せば理論で扱えるようになります。ただし、「リターンが0％以上5％未満となる確率は15％、5％以上10％未満となる確率は13％……」といちいち言葉で説明していたら大変なので、全体像をつかみやすいようにグラフで表現することを考えます。

　リターンの分布をグラフで表すと、どのような形になるのでしょうか？少し考えてみてください。ヒントを言いますと、例えば株価の日々の値動きを考えたとき、価格が非常に大きく動く日もありますが、そういう日はそん

なに多くはありません。どちらかというと、あまり大きく動かない日の方が多いのが一般的です。つまり、激しい動きはあまり起こらず、そこそこの動きはより頻繁に起こるということです。これは、私たちの人生と似ています。ほとんどの日は何事もなく過ぎ去るのですが、まれに大きな転機が訪れて、状況が揺れ動くわけです。

では、どのような分布になるのかを知るために、米国の代表的な株価指数であるS&P500指数のリターンの分布を実際に作ってみましょう。図は、1990年から2016年までの27年間（6805営業日）のS&P500指数の日次リターンを、0.25％刻みでヒストグラムにしたものです。

■図1　S&P500指数の日次リターンのヒストグラム（1990-2016）

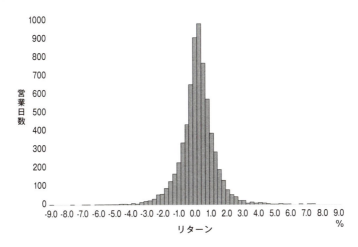

ヒストグラムの1本1本の棒のことをビンといいますが、このヒストグラムにおいて一番長いのは0％～0.25％のビンで、6805営業日のうち983営業日がここに入ります。そこから離れるにつれて、ビンはだんだんと短くなっていることがわかります。ここから考えると、S&P500指数の日次リターン

は0％～0.25％程度であった日が一番多く、それよりも大きな、または小さなリターンになった日は相対的に少なかったということになります。一言で言うと、リターンの分布は釣り鐘型になっているのです。実は株式に限らず、どんな資産クラスでもリターンの分布は釣り鐘型になることが知られています。

　ということは、リターンの分布を釣り鐘型だと仮定して理論を進めればうまくいきそうです。そのためには、数学の教科書をひっくり返して、このような釣り鐘型をした分布を探してきて当てはめればいいわけです。実は、数学の教科書にはそのような都合の良い分布が載っていて、**正規分布**と呼ばれています。例えば、先ほどの日次リターンの分布と正規分布を重ねてみると、下図のようになります。リターンの分布の特徴をおおよそ捉えていると言えそうです。

■図2　日次リターンの分布と正規分布

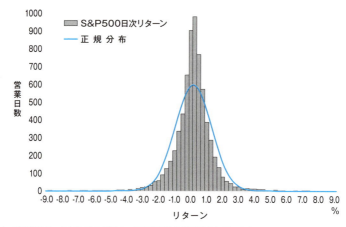

※日次リターンはヒストグラム、正規分布は曲線で表されています。

　S&P500指数だけでなく、個別の株式や債券などの他の資産についても、

リターンの分布は釣り鐘型をしていることが知られています。さらには、いろんな資産を組み合わせたポートフォリオ自体のリターンも、基本的には同じように釣り鐘型の分布になります。そこで、**ファイナンス理論では、資産やポートフォリオのリターンが正規分布に従うと仮定して話を進めることが多いです**。実を言うと、数学の教科書に載っている釣り鐘型をした分布は正規分布以外にもありますが、正規分布を使う理由は、比較的単純な数式で表せて、計算がやりやすいからです。そして、統計学的にもいろいろと便利な性質を備えている"分布の中の優等生"だからです。ただし、実際の分布と正規分布が完全に同じでないことは確かなので、その点については後ほど取り上げたいと思います。

　本章の冒頭で、袋から玉を取り出すタイプのくじの話をしましたが、取り出してみるまで当たり玉かはずれ玉かわからないのと同じで、資産やポートフォリオのリターンも、事前に値を知ることはできません。1か月後の日経平均の値がわかれば株取引で大儲けができるわけですが、そんなことは不可能です。将来のリターンがどのような値になるかは、現時点ではわかりません。けれども、平均的なリターンになる確率が最も高く、平均から大きく乖離したリターンになる確率は低いというふうに、確率を使って表すことはできます。このように、どんな値を取り得るかが確率で示されている数値のことを**確率変数**といいます。ファイナンス理論では、将来のリターンを確率変数だと考えるのです。

　では、将来のリターンが正規分布に従うことを数学的に表現したいときは、どのようにすればよいのでしょうか？　少し難しい話になりますが、確率密度関数というものを使います。「確率密度関数」なんて言葉は初めて聞いたという方もいらっしゃるでしょう。数学的に厳密な定義を説明すると長くなってしまうのでここでは触れず、具体例でイメージを掴んでいただきたいと思います。

例えば、S&P500指数の将来リターンが正規分布に従うとするならば、確率密度関数は図3のように表せます。このグラフは見方が少し難しいのですが、例えば将来リターンが1％以上2％未満となる確率は、図の水色部分の面積で表されます。「確率密度関数は、面積が確率を表している」という点が重要です。下図の水色部分の面積を実際に計算してみると、0.15（15％）になります。つまり、将来リターンが1％以上2％未満になる確率は15％ということです。ちなみに、縦軸は確率密度と呼ばれる量なのですが、これも専門的な概念なので、本書では詳しい説明は省略させていただきます。とにかくここでは、面積が確率を表すということだけ覚えておいてください。

■図3　S&P500リターンの確率密度関数

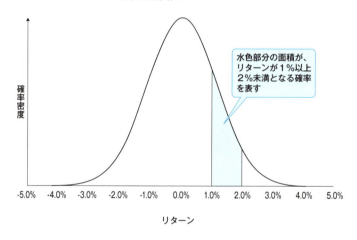

　これで、ファイナンス理論においてリスクを扱う上での土台の説明が終わりました。ファイナンス理論では、将来リターンを確率変数として扱い、正規分布に従うと考えるのです。ここで注意してもらいたいのは、値動きの激しさは資産によって異なるという点です。例えば、株式は債券に比べると値動きが激しい資産だと言われています。また、期待リターンも資産によって異なります。このような、資産ごとの値動きの激しさや期待リターンの違い

についても、正規分布を使ってうまく表すことができます。具体的には、正規分布の広がり具合や山の中心（平均値）を変えることで表現します。

　ここで、ポートフォリオ理論の章で出てきた標準偏差という言葉を思い出してください。標準偏差はリターンのブレの大きさを表す指標として紹介しました。実は、標準偏差は、リターンの分布の広がりの程度を表す指標なのです。例えば、標準偏差が2％、期待リターンが3％の場合の確率密度関数は、図4のように表すことができます。

■図4　リターンの確率密度関数の例

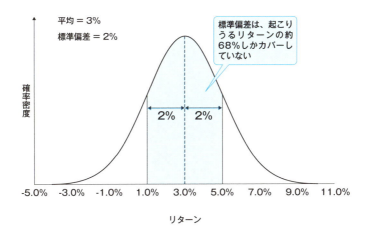

　見ていただくとわかるように、標準偏差は、正規分布の胴体部分の広がり具合を表しています。標準偏差が小さいほど分布はシャープになり、大きいほどずんぐりとした形になります。

　ここで注目して欲しいのは、標準偏差が、リターンの分布の一部しかカバーしていない（左右の裾がはみ出している）という点です。つまり、標準偏差を超える大きなリターンが生じる可能性がプラス方向・マイナス方向共に

かなりあるわけです。正規分布においては、リターンが標準偏差以内に収まる確率は68％になります（正規分布だと必ずそうなります）。例えば、日次リターンの標準偏差が2％で平均が3％の場合、平均的に見て100営業日のうち68営業日はリターンが1％（＝3％－2％）から5％（＝3％＋2％）の範囲に収まるものの、残りの営業日については、1％以下または5％以上のリターンが発生しうるということです。もちろん、必ず100営業日のうちぴったり68営業日がそうなるわけではなく、あくまで確率の話をしているので、実際は68営業日よりも多かったり少なかったりします。

これで、ポートフォリオ理論の章で出てきた標準偏差の正体がわかりました。リターンが正規分布に従うと考えた場合に、全体の68％をカバーするのが標準偏差なのです。なぜ68％という中途半端な数字なのかについては数学的な理由があるのですが、専門的な話になってしまうのでここでは割愛します。要は、標準偏差はリターンの分布全体の7割くらい（厳密には68％）をカバーしているということです。

ちなみに、標準偏差の2倍まで範囲を広げると、図5のように分布全体の95％をカバーすることができます。例えば、日次リターンの標準偏差が2％で平均が3％の場合、日次リターンが－1％（＝3％－2％×2）～7％（＝3％＋2％×2）の範囲に収まる確率は95％です。

■図5　2シグマは全体の95％をカバーする範囲

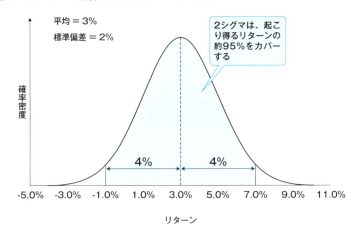

　資産によって値動きの幅は異なるわけですが、このように標準偏差の何倍かという視点で考えれば、リスクについて統一的な見方ができます。標準偏差の1倍ならば、起こりうるリターンの68％をカバーしている、つまり平均的なレベルのリターンを考えていることになります。標準偏差の2倍ならば、起こりうるリターンの95％をカバーしているので、平均リターン（正規分布の山の頂点）から離れた比較的大きな価格変動のことも考慮に入れていることになります。ちなみに、標準偏差はギリシャ文字のσ（シグマ）で表すのが慣例のため、資産運用の専門家は、標準偏差のことを「シグマ」とも呼びます。例えば、「2シグマ」というと標準偏差の2倍、つまり分布全体の95％をカバーする範囲を言っていることになります。「3シグマ」だと分布全体の99.7％をカバーします。このように、標準偏差を基準として、標準偏差の何倍かという尺度で考えることは、資産運用の世界ではよく行われます。

　また、プライシング理論の章およびポートフォリオ理論の章で出てきた"期待リターン"についても、将来リターンを確率変数と考えれば、より深

く理解することができます。期待リターンとは、リターンの平均的な水準のことでした。正規分布で言えば、山の頂点が期待リターンの位置になります。図5でいうと3％の地点です。つまり、期待リターンとは、将来リターンの分布の重心の位置を表していると言えます。

3 「非常事態への備え」の基本はValue at Risk

　標準偏差で考えることは、リターンの分布の胴体部分（全体の68％）を考えることを意味していると説明しました。胴体部分を考えるということは、価格の変動があまり激しくない状況を考えているということを意味します。私たちの人生で言えば、何事もなく過ぎ去っていく「平時の」状況を考えていることに相当します。けれども、長い人生の中では、突然会社を解雇されたり、火事で家が全焼するなどのさんざんな事態に出くわすこともきっとあるでしょう。投資も同じで、長い投資期間の中では市場が大きな変動に直面し、ポートフォリオの価値が大きく下落することも起こりえます。そのような「非常事態」の場合については、標準偏差だけを考えていたのでは対応しきれません。そこで、めったに起こらないけれども起こると大変な「非常事態」に備えるための方法をこれから考えたいと思います。

3.1 VaRとは何か

　「非常事態」とはどういう場合かというと、証券またはポートフォリオの価値が大きく下落する場合です。つまり、大きなマイナスのリターンが発生する場合です。確率はそんなに高くないけれど、起きると証券またはポートフォリオの価値が大きく下落してしまうので、きちんと対処しなければなりません。このような場合に用いられるのが**バリュー・アット・リスク（Value at Risk）**という概念です。英語の頭文字をとってVaRと表記されるのが一般的です。VaRは、日本語では「予想最大損失額」と呼ばれ、将来起こりうる最大級の損失額を理論的に推定した数値になります。VaRは、リスク管理の実務において最も広く使われる指標となっていますので、リスク管理について学ぶ上では、まずVaRについてきちんと理解することが重要です。

ただし、"最大損失額"といっても、文字通りの最大ではありません。というのも、文字通りの最大損失額と言えば、証券やポートフォリオの価値がゼロになってしまう場合に該当するからです。株式の発行元が倒産すれば株式が紙くずになるように、価値がゼロになってしまうことも起こりえるわけです。しかし、価値がゼロになってしまう可能性を気にしすぎると、何にも投資を行えなくなってしまいます。証券やポートフォリオの価値がゼロになってしまう確率は一般的にはとても低いと考えられるので、そこはさすがに無視していいだろうと考えます。

非常に低い確率で起こる損失は無視するといっても、具体的に基準を決めなければ議論は進みません。そこで、起こりうる全てのシナリオのうち、ワースト1％は無視すると決めましょう。

例えば、今から1か月後のポートフォリオの損益について考えます。きちんと数学的に考えるためには、先ほど出てきた確率密度関数を使って考える必要があります。

図6は、今を基準とした場合の、1か月後のポートフォリオからの損益を表していると考えてください。この図は確率密度関数なので、面積が確率を表しています。左裾の水色部分が確率1％で起こりうるワーストシナリオに対応します。確率1％ということは、水色部分の面積は0.01になっているということです（全体の面積は1）。この水色部分の始まる地点を99％ VaRと呼んで、予想最大損失額とみなします。今から1か月間の損益は99％の確率で99％ VaRよりましな値になるということです。VaRは正の値で表すことに注意してください。例えば、99％ VaRが15％だとしたら、リターンは99％の確率で－15％よりも高い値になります。本当の最悪を考えるときりがないので、あえて裾を切って考えるということです。

■図6　1か月後の損益の確率密度関数

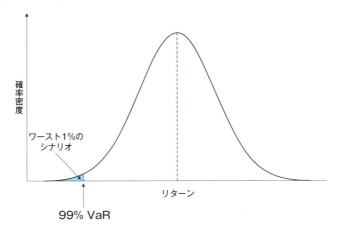

　左裾の切る範囲は必ずしも1％でなければならないわけではなく、5％で切ることもよく行われます。このように、左裾の切る位置のことを**信頼水準**と呼びます。つまりVaRは、ある期間ポートフォリオを保有した場合、最大でどれくらいの損失が見込まれるかを表しているのです。そして、どれくらいまでシビアな状況を考えるかは信頼水準によって決めるわけです。

　また、将来の損失について議論しているので、具体的にどれくらい先の話をしているかも決めなければなりません。そのためVaRは、今のポートフォリオをある期間保有し続けた場合に、その期間が経過した時点で最大どれくらいの損失が発生しうるかという視点で計算されます。この期間のことを保有期間と呼びます。明日の終わり（マーケット・クローズ）までに市場変動によって最大どれくらいの損失が発生しうるかを知りたいときは、保有期間を1日と定めます。現在のポートフォリオを仮に1か月間保有し続けた時、1か月後に最大でどれくらいの損失が生じるかを知りたいときは、保有期間を1か月と定めます。つまり、VaRを求めるためには、保有期間と信頼水準を決める必要があります。

VaRをどうやって求めるかですが、リターンが正規分布に従う[※]場合のVaRの計算は簡単で、標準偏差を2.33倍したものを期待リターンから引いて符号をひっくり返すだけです。つまり、「VaR ＝ －（期待リターン－2.33×標準偏差）」ということです。例えば、保有期間1か月のVaRを計算したいときは、月次リターンの標準偏差をこの式に代入すれば求まります。保有期間1日のVaRは日次リターンの標準偏差から、保有期間1年のVaRであれば、年率リターンの標準偏差から計算できます。この計算は、個別の証券でもポートフォリオ全体でも同じです。VaRが標準偏差からこんなに簡単な式で計算できるのは、正規分布の時だけです。これだけでも、正規分布を使うことのありがたみが垣間見えるでしょう。もう少し条件を緩めて、ワースト1％ではなくワースト5％を切り捨てる場合、つまり95% VaRの場合は、標準偏差の1.65倍（95% VaR ＝ －（期待リターン－1.65×標準偏差））を使います。この2.33や1.65は決まった数字で、正規分布であればどんな場合にも成り立ちます。

※　リターンの確率密度関数が正規分布であるとき、「リターンが正規分布に従う」といいます。

　複数の資産に分散投資した場合のVaRの計算も簡単です。分散投資した場合の標準偏差の計算例をポートフォリオ理論の章で紹介しましたが、そのようにして計算した標準偏差を上記の関係式に当てはめるだけです。そうすることで、分散効果を考慮したVaRを求めることができます。

　このように、リターンが正規分布に従うことを仮定してVaRを計算する方法を**分散共分散法**と呼びます。この方法は最も基礎的なVaRの計算方法として知られているので、最初にこの方法によるVaRの計算を紹介しました。

3 2　ヒストリカルVaRとモンテカルロVaR

　以上で、正規分布を仮定した場合のVaRの計算方法がわかりました。正規分布を仮定すれば、標準偏差から簡単にVaRを計算できるということです。けれども、（後ほど詳しく説明しますが）資産やポートフォリオのリターンが必ずしも正規分布に忠実に従っているわけではないことから、正規分布を仮定しないでVaRを計算した場合にどのような値になるかについても確認した方が良いと言えます。

　正規分布を仮定しないでVaRを計算する方法はとても単純で、リターンデータを大きさ順に並べて、ちょうど信頼水準に位置するデータの値をVaRとします。例えば、リターンデータが1000営業日分ある場合は、リターンデータを小さい順に並べて、上から（悪い方から）10番目のリターンの値を99％ VaRとします。1000×１％＝10なので、上から10番目が信頼水準１％に相当するからです。

　具体例を示しましょう。データが1000個だと大変なので100個だとします。次の表に、100営業日分のリターンデータを示しました。このデータの中に、99％ VaRと95％ VaRが隠れています。それはどこでしょうか？

■表1　S&P500指数の日次リターン（2016年末までの100営業日分）

日付	リターン	日付	リターン	日付	リターン	日付	リターン	日付	リターン
2016年8月10日	−0.29%	2016年9月15日	1.01%	2016年10月20日	−0.14%	2016年11月25日	0.39%		
2016年8月11日	0.47%	2016年9月16日	−0.38%	2016年10月21日	−0.01%	2016年11月28日	−0.53%		
2016年8月12日	−0.08%	2016年9月19日	0.00%	2016年10月24日	0.47%	2016年11月29日	0.13%		
2016年8月15日	0.28%	2016年9月20日	0.03%	2016年10月25日	−0.38%	2016年11月30日	−0.27%		
2016年8月16日	−0.55%	2016年9月21日	1.09%	2016年10月26日	−0.17%	2016年12月1日	−0.35%		
2016年8月17日	0.19%	2016年9月22日	0.65%	2016年10月27日	−0.30%	2016年12月2日	0.04%		
2016年8月18日	0.22%	2016年9月23日	−0.57%	2016年10月28日	−0.31%	2016年12月5日	0.58%		
2016年8月19日	−0.14%	2016年9月26日	−0.86%	2016年10月31日	−0.01%	2016年12月6日	0.34%		
2016年8月22日	−0.06%	2016年9月27日	0.64%	2016年11月1日	−0.68%	2016年12月7日	1.32%		
2016年8月23日	0.20%	2016年9月28日	0.53%	2016年11月2日	−0.65%	2016年12月8日	0.22%		
2016年8月24日	−0.52%	2016年9月29日	−0.93%	2016年11月3日	−0.44%	2016年12月9日	0.59%		
2016年8月25日	−0.14%	2016年9月30日	0.80%	2016年11月4日	−0.17%	2016年12月12日	−0.11%		
2016年8月26日	−0.16%	2016年10月3日	−0.33%	2016年11月7日	2.22%	2016年12月13日	0.65%		
2016年8月29日	0.52%	2016年10月4日	−0.50%	2016年11月8日	0.38%	2016年12月14日	−0.81%		
2016年8月30日	−0.20%	2016年10月5日	0.43%	2016年11月9日	1.11%	2016年12月15日	0.39%		
2016年8月31日	−0.24%	2016年10月6日	0.05%	2016年11月10日	0.20%	2016年12月16日	−0.18%		
2016年9月1日	0.00%	2016年10月7日	−0.33%	2016年11月11日	−0.14%	2016年12月19日	0.20%		
2016年9月2日	0.42%	2016年10月10日	0.46%	2016年11月14日	−0.01%	2016年12月20日	0.36%		
2016年9月6日	0.30%	2016年10月11日	−1.24%	2016年11月15日	0.75%	2016年12月21日	−0.25%		
2016年9月7日	−0.01%	2016年10月12日	0.11%	2016年11月16日	−0.16%	2016年12月22日	−0.19%		
2016年9月8日	−0.22%	2016年10月13日	−0.31%	2016年11月17日	0.47%	2016年12月23日	0.13%		
2016年9月9日	−2.45%	2016年10月14日	0.02%	2016年11月18日	−0.24%	2016年12月27日	0.22%		
2016年9月12日	1.47%	2016年10月17日	−0.30%	2016年11月21日	0.75%	2016年12月28日	−0.84%		
2016年9月13日	−1.48%	2016年10月18日	0.62%	2016年11月22日	0.22%	2016年12月29日	−0.03%		
2016年9月14日	−0.06%	2016年10月19日	0.22%	2016年11月23日	0.08%	2016年12月30日	−0.46%		

　この表のデータは日付順に並んでいますが、このままだとわかりにくいので、リターンの大きさを基準にデータを並べ替えます。左から右にいくにつれてリターンが大きくなるように並べ替えると、次の表のようになります。当然ながら日付はぐちゃぐちゃになりますが、2016年末までの100日間で、どれくらいの大きさのリターンが発生していたかがわかりやすくなりました。

■表2　先の表のデータをリターンの小さい順に並べ替えたもの

2016年9月9日	−2.45%	2016年8月10日	−0.29%	2016年10月21日	−0.01%	2016年12月15日	0.39%
2016年9月13日	−1.48%	2016年11月30日	−0.27%	2016年9月1日	0.00%	2016年11月25日	0.39%
2016年10月11日	−1.24%	2016年12月21日	−0.25%	2016年9月19日	0.00%	2016年9月2日	0.42%
2016年9月29日	−0.93%	2016年11月18日	−0.24%	2016年10月14日	0.02%	2016年10月5日	0.43%
2016年9月26日	−0.86%	2016年8月31日	−0.24%	2016年9月20日	0.03%	2016年10月10日	0.46%
2016年12月28日	−0.84%	2016年9月8日	−0.22%	2016年12月2日	0.04%	2016年11月17日	0.47%
2016年12月14日	−0.81%	2016年8月30日	−0.20%	2016年10月6日	0.05%	2016年8月11日	0.47%
2016年11月1日	−0.68%	2016年12月22日	−0.19%	2016年11月23日	0.08%	2016年10月24日	0.47%
2016年11月2日	−0.65%	2016年12月16日	−0.18%	2016年10月12日	0.11%	2016年8月29日	0.52%
2016年9月23日	−0.57%	2016年10月26日	−0.17%	2016年12月23日	0.13%	2016年9月28日	0.53%
2016年8月16日	−0.55%	2016年11月4日	−0.17%	2016年11月29日	0.13%	2016年12月5日	0.58%
2016年11月28日	−0.53%	2016年11月16日	−0.16%	2016年8月17日	0.19%	2016年12月9日	0.59%
2016年8月24日	−0.52%	2016年8月26日	−0.16%	2016年11月10日	0.20%	2016年10月18日	0.62%
2016年10月4日	−0.50%	2016年8月19日	−0.14%	2016年8月23日	0.20%	2016年9月27日	0.64%
2016年12月30日	−0.46%	2016年11月11日	−0.14%	2016年12月19日	0.20%	2016年9月22日	0.65%
2016年11月3日	−0.44%	2016年10月20日	−0.14%	2016年12月8日	0.22%	2016年12月13日	0.65%
2016年10月25日	−0.38%	2016年8月25日	−0.14%	2016年11月22日	0.22%	2016年11月21日	0.75%
2016年9月16日	−0.38%	2016年12月12日	−0.11%	2016年10月19日	0.22%	2016年11月15日	0.75%
2016年12月1日	−0.35%	2016年8月12日	−0.08%	2016年8月18日	0.22%	2016年9月30日	0.80%
2016年10月3日	−0.33%	2016年9月14日	−0.06%	2016年12月27日	0.22%	2016年9月15日	1.01%
2016年10月7日	−0.33%	2016年8月22日	−0.06%	2016年8月15日	0.28%	2016年9月21日	1.09%
2016年10月28日	−0.31%	2016年12月29日	−0.03%	2016年9月6日	0.30%	2016年11月9日	1.11%
2016年10月13日	−0.31%	2016年9月7日	−0.01%	2016年12月6日	0.34%	2016年12月7日	1.32%
2016年10月17日	−0.30%	2016年10月31日	−0.01%	2016年12月20日	0.36%	2016年9月12日	1.47%
2016年10月27日	−0.30%	2016年11月14日	−0.01%	2016年11月8日	0.38%	2016年11月7日	2.22%

　データは全部で100営業日分なので、99% VaRは100個中ワースト1、つまり、一番悪いリターンということになるので、左上の2.45%になります。そして、95% VaRは100個中ワースト5番目のリターンなので、一番左上から数えて5番目のリターンである0.86%になります。このようにして、リターンデータを小さい順に並べ替えてワースト何位かをVaRとするやり方を

ヒストリカル法といい、そのようにして求めたVaRの値を**ヒストリカルVaR**と呼びます。

　この方法は正規分布を仮定していませんが、過去のリターンの分布（正規分布とは限らない）が将来も変わらないということが前提になっています。その前提の下では、過去のリターンデータのうちワーストなものをVaRとみなすことができるということです。

　この方法は複雑な計算が必要ないので便利ですし、正規分布を仮定しなくてよいというメリットがありますが、どの期間のデータを使うかによって結果が変わるので注意が必要です。例えば、金融危機で株価が乱高下していた2008年8月上旬から12月末までの100営業日のリターンデータを用いて99%VaRを求めると9.03%となり、先ほどと全く違った値になります。金融危機の影響で株価が乱高下していた時期が含まれているため、その時期の大きなマイナスのリターンを拾ってきているのです。

　分布形を仮定せずにデータだけからVaRを計算するので、用いるデータに結果が大きく依存しうるということです。このようなバイアスを避けるためには、できる限り多くのリターンデータを用いるとよいでしょう。そうすれば、たまたま1つだけ外れ値のような極端な値が入っていても、VaRの計算結果が影響を受けずにすみます。

　ヒストリカル法の親戚で、**モンテカルロ法**と呼ばれる計算方法もあります。こちらは、実際の市場のリターンデータを使うのではなくて、コンピューターシミュレーションによって仮想のリターンデータを発生させ、小さい順に並べ替え、ワースト1%の地点にあるリターンの値を99% VaRとするものです。つまり、考え方としてはヒストリカル法と同じなのですが、仮想のリターンデータを用いるという点が異なります。

なぜ仮想のリターンデータを用いるかというと、コンピューターの中では値動きの想定などを自由に設定することができるため、実際のリターンデータを用いる場合に比べて自由度が高いという点が挙げられます。市場が混乱した場合、金融政策の変更によって金利が上昇した場合など、様々な状況を想定してVaRを求めることができます。また、VaRの計算に用いるデータ数は多い方が良いと言いましたが、実際のリターンデータは分量が限られているのに対し、仮想のデータはコンピューター上でいくらでも発生させることができるので、そういった点もメリットとして挙げられます。ただし、あくまでシミュレーションの設定を行うのは人間なので、設定者が想定したシナリオに従ったデータしか作られません。また、設定が適切でなければ、実際の市場の状況をうまく反映しない結果になってしまうこともあるので注意が必要です。

3.3　VaRをどのように使うか

　VaRを使ってリスク管理を行う方法としては、VaRに上限枠を設定するやり方が一般的です。時価１億円のポートフォリオに、例えば２千５百万円というVaR上限枠を設定したとしましょう。この場合、ポートフォリオの投資比率を決める際は、ポートフォリオのVaRが２千５百万円を超えないように工夫する必要があります。例えば、一般に株式の方が債券よりもリターンの標準偏差が大きく、従ってVaRも大きい（一般に標準偏差が大きいとVaRも大きくなります）ことから、株式を増やしすぎると上限枠を超えてしまうと予想されます。そのため、株式だけでなく債券にもバランスよく投資する必要がありそうです。複数の資産に分散投資を行った場合は分散効果が働き、標準偏差が小さくなることについてはポートフォリオ理論の章で説明しましたが、VaRについても同様に分散効果が働き、値が小さくなるというメリットがあります。つまり、どのような資産クラスに投資するか、どの程度の分散効果が見込めるか等を考慮して、ポートフォリオ全体のVaRが２千５百万円を超えないように運用していくわけです。

VaRの上限枠をどのような数値にするかは、会社の財務状況を考慮して決める必要があります。VaRはもともと、JPモルガンの最高経営責任者だったD. Weatherstoneの指示によって開発され、それが世界に広まったものですが、Weatherstoneは毎日16時15分に、保有期間1日を前提としたVaRの値が会社の資本額を超えていないことを確認して帰宅していたそうです。つまり、たまにしか起こらないような大きな変動がもし明日起きたとしても、ポートフォリオからの損失が資本を食いつぶして明日会社がつぶれる（債務超過に陥る）ことはないという点をVaRによって確認していたわけです。

　リスクの高い投資に傾きすぎると、大きな変動が起きた時の損失を吸収できずに破産したり倒産したりしてしまいます。VaRは、そういった事態を防ぐためのものです。VaRに上限枠を定めるということは、たまにしか起こらない大きな変動がもし今起きたとしても、破産したり倒産したりしないように「身の丈に合った」投資を行うための方法なのです。

　また、VaRは、信頼水準よりも左側のシナリオについては無視しているという点は忘れないようにしなければなりません。つまり、予想最大損失という名前はついているものの、VaRを超える損失も一定の確率で起こりうるのです。例えば、日次リターンの99% VaRが2％だった場合、平均して100営業日に1日の割合で－2％を超える損失が出るわけです。1年を260営業日とすると、年間2〜3日は－2％を超える損失が発生しうるということです。見方を変えれば、1年のうちに5回も10回も99% VaRを超える損失が出ていた場合は、99% VaRの値自体がおかしい（リスクを過小評価している）可能性があるので、計算に用いた数値等を見直す必要があります。逆に、1年間で一度も99% VaRを超える損失が出なかった場合は、VaRを過大評価している可能性があるので、その場合も見直した方が良いでしょう。つまり、**VaRは計算して終わりではなく、想定通りに機能しているかを常にチェックし、想定通りでない場合は計算前提等を適宜見直す必要があります。**

3 4 VaRの利点と限界

　数学的な前提はややこしい面がありますが、要するにVaRは、起こりうる最大級の損失額を数値化したものであり、概念的にはとてもわかりやすいものです。そのため、金融の世界では最も広く用いられるリスク管理指標となっています。けれども必ずしも万能というわけではなく、その限界についても知っておかなければなりません。そこで、VaRの利点と限界点について整理しておきたいと思います。

　利点としては、業界標準として世界中で利用されている点や、概念的に理解しやすい点が挙げられます。また、VaRはリスク管理だけでなく、ポートフォリオにおける投資比率を決めるために用いることも可能です。ポートフォリオ理論の章でリスク・パリティやリスク・バジェッティングと呼ばれる投資手法を紹介しましたが、リスクとして標準偏差を用いる代わりに、VaRを用いることもできます。標準偏差はリターンのブレの大きさを表しているのに対し、VaRは予想最大損失額を表しています。標準偏差でリスク・パリティ・ポートフォリオを構築する場合は、各資産クラスの価格変動がポートフォリオの損益に与えるインパクトを均等にしていることになり、VaRを用いる場合は、各資産クラスの予想最大損失額を均等にしていることになるため、ポートフォリオのコンセプトが変わってきますし、配分比率も異なるものになります。どちらが良いかは一概には言えませんが、VaRはリスク管理以外の用途にも応用できるということです。

　一方で、VaRによるリスク管理手法には限界もあります。信頼水準よりも左側の裾は切り捨てて考えているために、もし信頼水準よりも悪いシナリオが顕在化した場合に何が起きるかについては、VaRは何も語ってくれません。この点については、後ほど説明するCVaRやストレステスト等のテールリスク管理によって補う必要があります。また、VaRは過去のリターンデータを

もとに計算されるため、過去に経験したことがないような大きな変動はカバーできていません。

　VaRを計算する手法として分散共分散法、ヒストリカル法、モンテカルロ法を紹介しましたが、計算の方法や前提が異なるため、それぞれの手法から算出されるVaRの値は必ずしも同じになるとは限りません。そのため、実務では、常に同じ手法を使うことで整合性を保ったり、複数の手法で異なる数値が出た場合は保守的に最も大きな数値を採用するなどの工夫が必要です。加えて、VaRはあくまで損失、つまりダウンサイドのことしか考えていないという点も忘れてはなりません。VaRの値が大きくても、アップサイド（価格上昇）が期待できる資産は保有を検討した方が良い場合もありますし、VaRだけを見て投資判断を行うことは避けた方が良いでしょう。

　VaRの利点及び限界を表3にまとめましたので、参考にしてください。

■表3　VaRの利点及び限界

利点	限界
■ リスク管理手法として世界的な業界標準となっている ■ 意味が理解しやすい ■ リスク・パリティやリスク・バジェッティングなどのポートフォリオ構築に活用するなど、リスク管理以外の方面への応用もできる	■ あくまでいろいろな仮定を置いた上での計算であり、異なる手法を用いた場合、VaRの推定値が異なる場合がある ■ 信頼水準よりも悪いシナリオ（左裾）については見ていない ■ 基本的に過去のデータに基づいて計算されるため、過去に経験したことのない事象が起きるとリスクを過小評価する可能性がある ■ ダウンサイドのみに着目しており、アップサイドについては何も見ていない

4 テールリスク管理

さて、ここまでVaRについて学んできましたが、信頼水準よりも悪いシナリオは無視しているなど、VaRにはいろいろと限界もあります。このような限界を補う指標として、VaRを超えるマイナスリターンが発生した場合に、どこまでの損失が見込まれるかを示すConditional VaR（CVaR）という指標がリスク管理の実務でよく用いられます。Conditionalは「条件付きの〜」という意味の英単語ですが、VaRを超えるマイナスリターンが発生してしまった状況のみを考え、そのような状況が発生してしまった場合に、平均してどれだけの損失が見込まれるか（つまり条件付きの損失見込み）を考えることからこのような名前がついています。CVaRは、別名**期待ショートフォール**とも呼ばれます。

CVaRは、図7の左裾の水色部分だけを使って計算した（条件付き）期待リターンに相当します。つまり、ワーストシナリオに属するリターンだけで平均を計算するのです。そうすることで、1％（または5％）の確率で起こるワーストシナリオが実際に起きてしまった場合に、平均でどれだけ損が出そうかを知ることができます。VaRを超えるマイナスリターンが生じるほど金融市場が荒れている状況下では、平均してCVaR程度の損失を覚悟しなければならないということを意味します。

■図7　1か月後の損益の確率密度関数

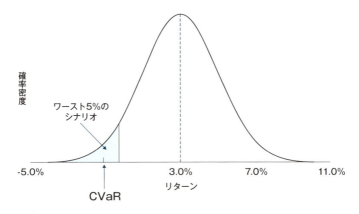

4❶ ファットテール

　さて、VaRを計算する際は、リターンが正規分布に従うと仮定するのが基本だという話をしました。正規分布は数学的に扱いやすいこともあり、ファイナンス理論ではリターンが正規分布に従うとみなして議論をすることが多いのですが、色々な市場の過去のリターンを分析してみると、正規分布では説明できない極端な値動きが起きることがあるとわかっています。

　例えば、S&P500指数の1990年から2016年までの日次リターンデータから平均と標準偏差を計算すると、平均は0.03%で標準偏差は1.13%になります。S&P500指数は2008年10月15日に9.03%下落していますが、この9.03%が平均からどれくらい乖離しているかを計算してみると、(9.03% − 0.03%) ÷ 1.13% = 7.96なので、平均から約8シグマ（標準偏差の8倍）離れていることになります。もし、S&P500指数のリターンの分布が完全に正規分布に従うと仮定すれば、平均より8シグマ以上低いリターンが発生する確率は、なんと約1600兆分の1です。正規分布は釣り鐘型をしていて、平均から離れていくにつれて発生確率が急速に低くなっていくため、平均から8シグマも

離れると、確率が非常に小さくなっているわけです。つまり、1600兆営業日のうち1日起きるかどうかという稀な現象が2008年10月15日に起きたということになります。1年を260営業日とすると、1600兆営業日は約6兆年に相当するので、6兆年に1度起きるかどうかの現象（のはず）です。けれども、2008年10月の他の営業日も見てみると、13日には平均からプラスの方向に10シグマも離れたリターンが発生しており、28日にも、平均からプラスの方向に10シグマ弱離れたリターンが発生しています。つまり、1か月のうちに平均から8シグマ以上乖離したリターンが3回発生していたことになります。この時期は金融危機の影響で値動きが激しかったのは確かですが、それにしても、6兆年に1度の現象が1か月間に3回も起こるのは不自然と言わざるを得ません。

　市場では実際にそのような大きな株価の変動が起きたわけですから、市場が間違っていると考えるよりは、リターンが正規分布に従うという仮定が常に正しいわけではないと考えた方がよさそうです。このような現象は、株式に限った話ではありません。例えば、為替でも同じようなことが起きています。為替の変動をヒストグラムにしたものを図に示しました。

■図8　USD/JPYの日次リターン（1990-2016）

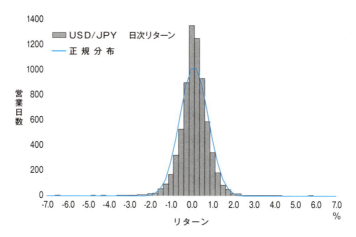

　この図の左裾を拡大したのが次の図です。よく見ていただくと、ヒストグラムのビンが正規分布の曲線より上にはみ出しているのがおわかりでしょう。

■図9　USD/JPYの日次リターン（左裾を拡大したもの）

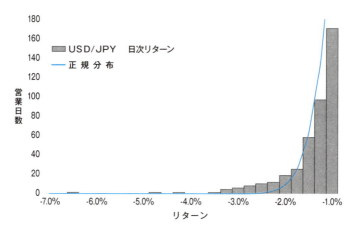

このはみ出している部分は、実際の為替市場において、極端な為替レートの変動が、正規分布から予想されるよりも多くの回数発生していることを示しています。このような現象は多くの資産クラスにおいて見られ、実際の金融市場におけるリターンの分布は、正規分布よりも裾が厚い（極端なリターンが発生しやすい）ことが知られています。このような性質を、正規分布よりも裾（テール）が厚いという意味で、**ファットテール**と呼びます。

リターンが正規分布に従うと仮定してVaRを計算するのが基本ではあるものの、正規分布では捉えきれない大きな変動が発生する可能性も頭に入れておかなければならないということです。

4 2 ストレステストで緊急事態に備える

このような極端な変動への対策として有効なのが、**ストレステスト**と呼ばれる手法です。この方法は、正規分布では説明できないような極端な変動が実際に起きたと仮定して、そのような変動が起きた場合にポートフォリオからどれくらいの損失が生じるかを推計し、その損失を自己資金や会社の資本で吸収できるかをチェックするものです。「極端な変動」がどのようなものかについては、会社のリスク管理部門が具体的なシナリオとして用意するのが一般的で、そのようなシナリオは**ストレスシナリオ**と呼ばれます。また、金融庁などの規制当局も、管轄下の金融機関に対してストレステストを実施しています。ストレスシナリオは、例えば次のようなものになります。

■ **ストレスシナリオの例** ■

株式：外国株が一律50％下落、日本株が一律40％下落
債券：円金利が1.5％上昇、ドル金利が2.5％上昇（金利が上昇すると債券価格は下落する）
不動産：一律50％下落

このように具体的なシナリオを決めてしまえば、仮にそのシナリオが実現してしまった場合にポートフォリオからどれくらいの損失が出るかを試算することができます。シナリオについては、これらの例のように仮想のシナリオを用意する場合もあれば、2008年の金融危機、1987年のブラックマンデー（世界的な株価大暴落）などの過去の大変動が仮に再び起こった場合を想定するケースもあります。シナリオは自由に設定できるため、ファットテールに相当するような極端な状況をシナリオで仮定すれば、そのような状況が発生した場合に耐えられるだけの資本や自己資金を保有できているかをチェックすることができます。

　2008年の金融危機は、正規分布では説明できないファットテールが顕在化した例だと言われており、金融危機以降、世界中の金融当局がストレステストに力を入れ、規制の枠組みに積極的に取り込んでいます。みなさんのお勤め先も、もしかしたら当局が課したストレステストの対応に追われているかもしれませんが、このような動きは、ファットテールの顕在化による経済の混乱を防ぐためのものと言えます。

4.3 信用リスクについて

　最後に、信用リスクについても簡単に触れておきます。信用リスクを抑制する最も一般的な方法は、格付に応じて投資限度額（貸付の場合は融資限度額）を定めることと、担保を取る（債務不履行が発生した際に差し押さえる資産を確保する）ことです。しかし、バブル崩壊の際に邦銀が苦しんだように、債務不履行が発生した際に景気が悪化していれば、担保の価値も目減りしていることがあり得ます。また、社債は無担保が一般的で、利回りとしても無担保の方が高くなることもあり、担保を取ることで全て解決というわけにはいきません。やはり、信用リスクに投資している限り、債務不履行（デフォルト）による損失はある程度は発生する可能性があります。

デフォルト発生時の損失については、格付ごとに予め見込んでおくのが基本です。銀行であれば、貸出先の格付別の貸倒率（貸出件数全体のうち、企業の倒産等により債権が毀損した件数の割合）と、貸倒が発生した場合に債権がどれくらい毀損したか（デフォルト時損失率：Loss Given Default）についての実績データを蓄積していて、それらの実績データを参考に格付別に予め引当金を積んでおきます。

非常に大雑把に言えば、例えばＢ格の企業の過去の貸倒実績が８％で、デフォルト時損失率の実績が20％だったとすると、今後、同様にＢ格の企業にお金を貸した場合も８％程度の確率で貸倒が発生し、デフォルト時損失率が20％程度になるだろうと考え、その分を引当金として積んでおくわけです。社債の場合も、格付別のデフォルト実績に基づいて損失を見込んでおきます。

つまり、なるべく担保を取りつつも、担保でカバーできない場合についてはデフォルトによる損失を予め見込んでおくというのが基本です。

5 まとめ

　リスク管理は正規分布を仮定した方法が基本であるものの、企業やポートフォリオの長期的な存続のためには、正規分布によって捉えきれないファットテールの分析が重要であるという話をしました。

　補足しますと、リスク管理の現場では、VaRやCVaR以外にも様々な指標が用いられています。目標リターンよりも低いリターンが生じた日だけを抜き出して標準偏差を計算する「下方半分散（セミバリアンス）」や、ファンドの時価が過去一番高かった時期に投資を開始した人が現在どれくらい損をしているか（つまり、ファンドの出資者の中で一番高値づかみをした人がどれくらい損をしているか）を示す「ドローダウン」などがその一例です。

　リスク管理の基本は、証券やポートフォリオの将来リターンの分布を推定し、起こりうる最大級の損失を吸収するのに必要な資本額を推計することです。ただし、分布のままだと扱いづらいので、標準偏差やVaR、CVaRといった分布の特徴を表す数値に置き換えて考えるわけです。

　VaRは基本的に、過去のリターンの分布が将来も変わらないという前提で計算されますが、その前提は必ずしも正しいとは限りません。例えば最先端の研究では、リターン分布の標準偏差そのものが確率変数であると考える「確率ボラティリティモデル」が注目されています。将来リターンの分布の広がり具合そのものが日々変動していくというモデルです。このモデルは、確率微分方程式を用いているので、本書で紹介した標準偏差やVaRの計算方法に比べるとはるかに複雑ですが、市場環境によって値動きが激しくなったり穏やかになったりする現実の金融市場の特徴を明示的に取り込んでいるため、市場の実態をよりうまく表現できるのではないかと期待されています。

リスク管理の手法は現在も進歩を続けているので、10年後や20年後は今よりも高度なリスク管理手法が一般化しているかもしれません。しかし、将来のある時点におけるポートフォリオの価値分布を考えるという本質的な部分については変わらないでしょう。リスクを過大評価してしまうと、過度に保守的なポートフォリオを持つことになり、目標リターンを達成できなくなってしまいかねません。一方、リスクを過小評価すると、極端な市場変動が生じた際に大きな損失を被り、資本が不足して債務超過に陥ってしまいます。リスクをいかに適切に評価するかということが、運用の目標達成に深くかかわっているのです。

第4章

統計分析

自分で分析する方法を身につける

さて、第3章まででファイナンス理論の基礎となる様々な概念を学び、いろいろな投資対象を自分で分析していくための枠組みが頭の中に出来上がってきたと思います。けれども、いわゆる"座学"だけでは、こういった概念を体得する上では十分とは言えないでしょう。本当にきちんと理解するためには、自分で手を動かして具体的な計算をやってみることが重要です。計算は苦手という方も心配はいりません。エクセルの関数をうまく使えば、期待リターンや標準偏差などの値を簡単に求めることができます。最終章では、期待リターン、標準偏差、相関、VaRなどの値を、自分で計算できるようになることを目指しましょう。

　期待リターンや標準偏差については、数日分のデータを使った簡単な計算例をポートフォリオ理論の章で紹介しましたが、たった数日分のデータでは、本格的な分析を行うには少なすぎます。投資判断に利用するために様々な分析を行う際は、例えば10年分や20年分など、もっと多くのデータを使って計算することになります。そのような場合、計算量が非常に多くなるため、電卓ではとても対処できません。

　そのため、多くの金融機関は独自のソフトウェアを導入しており、それによってVaRなどの値を計算し、投資判断やリスク管理を行っています。ただ、金融市場は時々刻々と変化していて、常に新しいテーマについての分析が必要になるので、毎日決まった種類の数値しか出さない会社のシステムだけでは十分に分析を行えないこともしばしばあります。そのような場合は、エクセルやプログラミング言語等を駆使して、自分で分析を行うことになります。こういった分析のために金融機関でよく使われているプログラミング言語としては、R、MATLAB、Pythonなどが挙げられます。ただ、このようなプログラミング言語を用いなくても、それほど複雑な計算でなければエクセルで対応可能です。実際、分析のためのツールとして実務で最も広く使われているのはエクセルだと思います。

エクセルの関数をうまく利用すれば、そこまで複雑な計算を必要としない分析であればかなりの部分をカバーできます。本章では具体的なデータを使って、期待リターン、標準偏差、相関、VaR、ベータなどいろいろな値を計算していき、計算する際の注意点を学んでいきます。また、計算した値を使って簡単なポートフォリオを組む練習もしてみたいと思います。

1 まずは、データに問題がないかを確認する

まずは、手元に図1のような、米株と米国債の価格データがあるとします。データが長いので途中を省略していますが、B列は2010年1月から2017年11月までの米株[※1]、C列は米国債[※2]の価格データになっています。こちらの価格データの詳細な定義は脚注に記載してありますが、細かい定義はあまり重要ではなく、計算の練習をするために、とりあえず用意したものだと思ってください。このように、時間の順序を追って記録されているデータのことを**時系列データ**と呼びます。時系列データのうち、このデータのように月ごとに記録されているものを**月次データ**と呼びます。データが営業日ごとに記録されている場合は**日次データ**、毎週の決まった曜日（金曜など）ごとに記録されている場合は**週次データ**と呼ばれます。

※1 S&P500
※2 TY先物中心限月のロールオーバー・ギャップ調整後日次リターン系列を、2001年1月2日を100としてインデックス化したもの

■図1　米株と米国債の価格データ

　右側には、日付を横軸とし、価格を縦軸としたグラフを表示していますが、このように価格の動きを時系列で示したグラフを**チャート**と呼びます。エクセルの挿入タブからグラフを挿入することで作成できます。このようにして、分析に使おうとしている価格データをチャートとしてビジュアル化するのはとても大切です。なぜならば、今手元にあるデータは、もしかしたら一部が欠損していたり、誤った値が混入しているかもしれないからです。データ数が多い場合、データを眺めるだけでそれらの問題点に気付くのは難しいですが、チャートにすると問題を見つけやすくなります。

　例えば、米株の2010年8月の値は1,753になっていますが、データを準備する際のミス等で1の位が落ちて175になってしまっていたとしましょう。その場合、2010年8月の価格データだけ他よりもかなり小さいため、図2

のように、チャートが妙に尖ってしまうことになります。このように、チャートの形状が不自然になっている場合は、その部分のデータが正しいかどうかを確かめた方がよいでしょう。

■**図2　データに異常がある場合のチャートの例**

　また、価格データが欠けている日がないかどうかも確認が必要です。データがきれいに揃っていなくて、ある日付のデータが欠けているものを**欠損データ**と呼びます。欠損がないかどうかを確認するには、データの個数を数えるとよいでしょう。図3のように、F2セルに「＝COUNTA(B3:B97)」、F3セルに「＝COUNTA(C3:C97)」と入れてみます。この関数は、指定した範囲にあるデータの個数を表示します。米株、米国債共にデータは全部で95個あるということがわかります。

■図3　データ数の表示

	A	B	C	D	E	F
1		価格				データ数
2	日付	米株	米国債		米株	95
3	2010/1/29	1,771	150		米国債	95
4	2010/2/26	1,826	151			
5	2010/3/31	1,936	149			
6	2010/4/30	1,967	151			
7	2010/5/31	1,810	155			
8	2010/6/30	1,715	158			
9	2010/7/30	1,835	160			

　ここで、例えば2010年4月の米国債の価格データ（C6セル）を消してみましょう。すると、図4のように、F3セルの値が94に変わりました。このように、欠損がある場合はデータ数が少なく表示されます（ちなみに、消した価格データはCtrl＋Zで元に戻りますので、ご自分で試されるときはご活用ください）。

■図4 データに欠損がある場合のデータ数の表示

	A	B	C	D	E	F
1		価格				データ数
2	日付	米株	米国債		米株	95
3	2010/1/29	1,771	150		米国債	94
4	2010/2/26	1,826	151			
5	2010/3/31	1,936	149			
6	2010/4/30	1,967				
7	2010/5/31	1,810	155			
8	2010/6/30	1,715	158			
9	2010/7/30	1,835	160			

　データの欠損や異常値なんて、注意深く目で見たらわかるのではないかと思われるかもしれませんが、ざっと目で見るだけでは見逃してしまう可能性が高くなるので、工夫して確認する必要があるわけです。

　このように、分析を始める前にデータに異常がないかどうかチェックすることを**サニティ・チェック（Sanity Check）**といいます。市場データを使って分析を行う際は、計算を始める前に必ずサニティ・チェックを行うようにしてください。さもないと、いろんな分析を行って上司に結論を報告した後、データに問題があったことが判明して一からやり直し、といった事態になりかねません。

　ちなみに、データが非常に膨大なときは、エクセルでサニティ・チェックを行うよりも、プログラミング言語を用いた方が良いでしょう。例えば、東証一部に上場している2000社を超える銘柄の10年分の日次価格データをチェックするとき、一つ一つチャートを作るのは大変すぎるでしょう。こういった場合は、例えばプログラミング言語の一つであるRを使い、欠損値を特定したり、前後の値とは大きく異なる値を持つデータを異常値として検出す

るようなプログラムを作って確認する必要があります。

　欠損値や異常値があった場合は、何らかの対処をしなければなりません。最もよく使われる対処法は、1つ前の値で埋めてしまうというものです。例えば、2010年4月の米国債の価格データが欠損している場合は、2010年3月の価格データ149を、2010年4月のところに入れてしまいます。このように、欠損しているデータを何らかの方法で埋めることを**補完**といいます。本当の値がわからない時は、もっともらしい値で補完するということです。

　ただし、1つ前の値で補完するという方法は、欠損値が多い場合は標準偏差の計算に影響を与えるかもしれません。欠損値を1つ前の値で埋めると、見かけ上はその期間は価格が全く変化しなかったことになります。欠損が多い場合、それらを全て1つ前の値で埋めたとすると、"価格が全く動かなかった"とみなされる期間が多くなるため、そのデータを使って標準偏差を計算したときに、値が小さく出てしまうのです。同じような理由で、VaRも過小評価される可能性があります。リスク量が過小評価されることは、リスク管理の観点からは好ましくないので、そのような可能性があるという点については頭の片隅に留めておいてください。

2　統計分析の実際

さて、データのサニティ・チェックが終わったら、いよいよ分析に入りましょう。まずは、過去の市場において、平均的にどれくらいのリターンが出ていたかを調べてみます。

① リターン

価格データのサニティ・チェックは終わったので、先ほどサニティ・チェックのために作成したグラフなどは一旦削除してしまいましょう。そして、D4セルに「=(B4−B3)/B3」、E4セルに「=(C4−C3)/C3」と入力します。この式は、今月と前月の価格差を、前月の価格で割った値を計算しています。前月に比べて価格が何パーセント上昇（あるいは下落）したか、つまりリターンを計算しているわけです。この関数を下まで伸ばせば、各月のリターンを計算することができます。

ここでも、サニティ・チェックを忘れないようにします。図5のように、D・E列のリターンデータを散布図にしてみます。もし、欠損データや異常値があったら、このグラフはどのようになると思いますか？

■図5　価格データからリターンを計算する

	A	B	C	D	E
1		価格		月次リターン	
2	日付	米株	米国債	米株	米国債
3	2010/1/29	1,771	150		
4	2010/2/26	1,826	151	3.1%	0.6%
5	2010/3/31	1,936	149	6.0%	-1.0%
6	2010/4/30	1,967	151	1.6%	1.4%
7	2010/5/31	1,810	155	-8.0%	2.4%
8	2010/6/30	1,715	158	-5.2%	2.2%
9	2010/7/30	1,835	160	7.0%	1.0%
10	2010/8/31	1,753	163	-4.5%	2.1%
11	2010/9/30	1,909	164	8.9%	0.3%
12	2010/10/29	1,982	164	3.8%	0.2%
13	2010/11/30	1,982	163	0.0%	-1.0%
14	2010/12/31	2,114	158	6.7%	-3.0%
15	2011/1/31	2,164	158	2.4%	0.3%
16	2011/2/28	2,239	158	3.4%	-0.4%
17	2011/3/31	2,239	158	0.0%	0.0%
18	2011/4/29	2,306	161	3.0%	1.8%

E4セルに以下のように入力
=(C4-C3)/C3
その後、関数を下まで伸ばす

　例えば、価格のサニティ・チェックの際の例をもう一度思い出して、2010年8月の米株の価格データが誤って175になっていたとしましょう。すると、散布図は図6のようになってしまいます。価格が急に下がって急に上がったかのようになるため、D列のリターン系列に990.8％という極端な値が現れています。欠損データがある場合も同じように、散布図に極端に外れた点が現れますので、散布図を確認することで気付くことができます。

■図6　リターン系列に異常がある場合の散布図の例

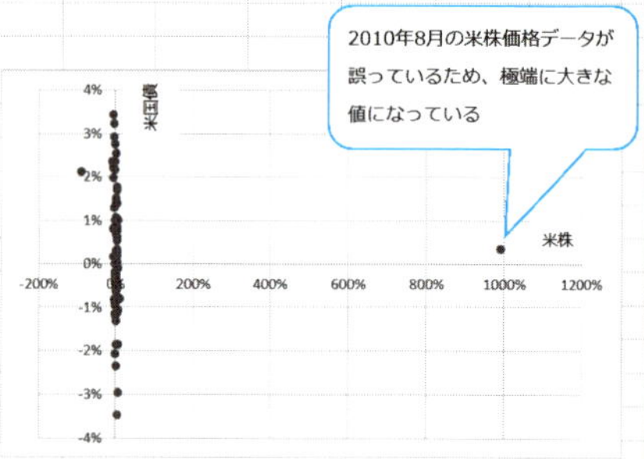

価格のサニティ・チェックをやったから、リターンでもう一度やる必要はないんじゃないの？　と思われた方もいらっしゃるかもしれませんが、上司からデータを渡されて分析を依頼されたとき、あるいはウェブサイトなどからデータを入手する際は、最初からリターンデータの形になっている場合もあります。そのため、リターンデータのサニティ・チェックの方法も知っておく必要があります。価格のサニティ・チェックの時と同様、データ数が膨大な場合は、Rなどのプログラミング言語を使った方が良いでしょう。

リターンデータのサニティ・チェックを終えたあとは、過去の平均的なリターン水準をAVERAGE関数で計算してみましょう。散布図はもう必要ないので削除します。図7で、H3セルに「=AVERAGE(D4:D97)*12」と入れます。

AVERAGEは、データの平均値を計算する関数です。つまり、"AVERAGE(D4:D97)" は、2010年2月（D4セル）から2017年11月（D97セル）までの、米株の月次リターンの平均値を計算します。"*12" については、月次リター

ンの平均値を年率に換算するために12倍（1年＝12か月）しています。AVERAGE関数に月次リターンを入れると、当然ながら、月次リターンの平均値が出てくることになります。月次リターンの平均値は、過去において、その資産を1か月間保有した場合に平均何％の収益を得られたかを意味しています。そのため、平均値を12倍すれば、その資産を12か月間、つまり1年間保有した場合に平均何％の収益を得られたかがわかるわけです。リターンは通常年率換算して考えることが多いため、このような計算をしています。

ちなみに、日次データを年率換算するときは「=AVERAGE(…)*260」（1年＝約260営業日）、週次データを年率換算するときは「=AVERAGE(…)*52」（1年＝約52週）となります。日次データを年率換算する際は、市場が開いていない日（土日祝日等）はカウントしないので、誤って"*365"としないように注意してください。つまり、1年間の営業日数を倍率として使わなければなりません。国によって祝日の日数等が異なるため、厳密には、各国の1年間の営業日数が平均何日かを確認する必要があります。例えば、日本は祝日が多いため、日本株などの分析を行う場合は260の代わりに252（日本の平均年間営業日数に相当）が使われることが多いです。

■図7　平均リターンの計算

	A	B	C	D	E	F	G	H	I	J	K
1		価格		月次リターン							
2	日付	米株	米国債	米株	米国債		平均リターン（年率）				
3	2010/1/29	1,771	150				米株	14.4%		=AVERAGE(D4:D97)*12	
4	2010/2/26	1,826	151	3.1%	0.6%		米国債	3.2%		=AVERAGE(E4:E97)*12	
5	2010/3/31	1,936	149	6.0%	-1.0%						
6	2010/4/30	1,967	151	1.6%	1.4%						

■ 補足 ■ 少し応用編の話なので、読み飛ばしていただいてもかまいません。

　より詳しく知りたい方のために補足しますと、リターンの計算方法には「単利」と「複利」の２通りがあり、AVERAGE関数を使った計算は、単利の平均リターンを求めていることになります。両者の違いは、前期の損益を投資金額に繰り込むかどうかです。例えば、初期投資金額が100万円で、2009年12月の最終営業日から投資を開始したとします。その後、2010年１月に３万円の収益を上げ、２月に２万円の損失を計上したとしましょう。単利計算の場合は、投資金額は100万円のまま変わらないと考えるので、１月のリターンは３万円÷100万円＝３％、２月のリターンは－２万円÷100万円＝－２％になります。一方、複利計算の場合は、１月のリターンは同じですが、２月のリターンを計算する際に、１月に計上した収益３万円を投資金額に繰り込んで、投資金額が103万円になったとみなします。つまり、２月のリターンは－２万円÷103万円＝－1.9％になります。

　一般的に言うと、リターンデータが全部でNか月分あるとして、月次リターンの系列を $r_1, r_2, \cdots, r_N$ と置いたとき、単利ベース、複利ベースの平均年率リターンは以下のように計算できます。

$$平均リターン（単利、年率換算） = \frac{r_1+r_2+\cdots+r_N}{N} \times 12$$

$$平均リターン（複利、年率換算） = \{(1+r_1)(1+r_2)\cdots(1+r_N)\}^{12/N} - 1$$

　単利計算の場合、平均リターンは、単純に各期のリターンの平均値（単純平均）になります。一方、複利計算の場合、平均リターンは幾何平均と呼ばれる計算方法によって求めることができます。少し複雑になりますが、例えば米株については、H3に「=PRODUCT(1 + D4:D97)^(12/COUNTA(D4:D97))-1」と入力し、Ctrl＋Shift＋Enterを同時に押すと、複利ベースの平均リターン（年率換算値）を求めることができます。単利計算の時と同様に、データが月次ではなく日次の場合は"12"の部分を"260"に、週次

の場合は"52"に置き換えてください。

　単利と複利のどちらを使うのが適切かは、状況によります。例えば、ファンドの運用成績を評価するために平均リターンの数字を参考にしたいときは、複利（幾何平均）が適切でしょう。なぜならば、投資家がファンドに投資したお金は、そのファンドの毎月のリターンによって増えたり減ったりするからです。ある年の年初にファンドに100万円投資して、1月のリターンが5％だったら、2月は投資金額105万円からスタートするわけです。一方で、特定の証券や市場インデックスが平均的に見て1年間でどれくらい上昇（下落）しているかを分析したいときは、単純に平均をとってしまえばよいので単利（単純平均）でよいでしょう。つまり、複数期間を考える時は複利、単一の期間を考える時は単利というのが基本です。

② 標準偏差

　平均リターンが計算できたところで、次は標準偏差を計算しましょう。標準偏差は、STDEV.S関数で計算することができます。図8のように、H8セルに「=STDEV.S(D4:D97)*SQRT(12)」、H9セルに「=STDEV.S(E4:E97)*SQRT(12)」と入れます（Excel2007以前のバージョンをお使いの方は、STDEV.Sの代わりにSTDEVとしてください）。STDEV.Sは、データの標準偏差を計算します。STDEV.S(D4:D97)は、米株の月次リターンの標準偏差を計算していることになります。"*SQRT(12)"の部分は、結果を$\sqrt{12}$倍することで、月次リターンの標準偏差を年率換算しています。平均リターンの時と違って、12倍ではなく$\sqrt{12}$倍する点に注意してください。同じように、日次リターンの場合は「=STDEV.S(...)*SQRT(260)」、週次リターンの場合は「=STDEV.S(...)*SQRT(52)」として年率換算します（...には、データが記録されているセル範囲を入れます）。

■図8　標準偏差の計算

	A	B	C	D	E	F	G	H
1		価格		月次リターン				
2	日付	米株	米国債	米株	米国債		平均リターン（年率）	
3	2010/1/29	1,771	150				米株	14.4%
4	2010/2/26	1,826	151	3.1%	0.6%		米国債	3.2%
5	2010/3/31	1,936	149	6.0%	-1.0%			
6	2010/4/30	1,967	151	1.6%	1.4%			
7	2010/5/31	1,810	155	-8.0%	2.4%		標準偏差（年率）	
8	2010/6/30	1,715	158	-5.2%	2.2%		米株	11.9%
9	2010/7/30	1,835	160	7.0%	1.0%		米国債	4.5%
10	2010/8/31	1,753	163	-4.5%	2.1%			

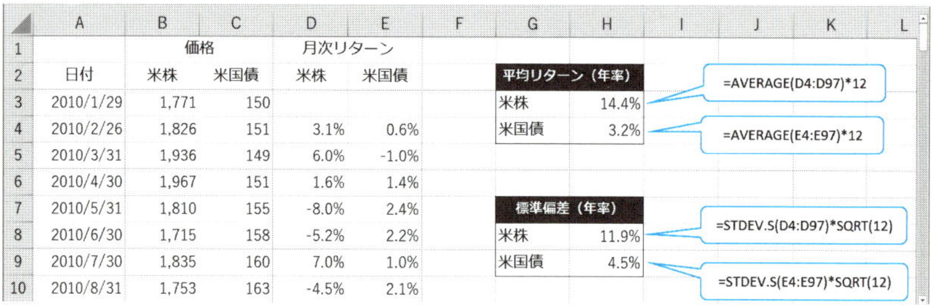

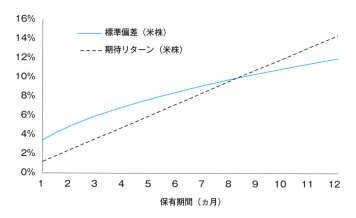

標準偏差を年率換算する時に、月数（または週数、営業日数）そのものではなく、その平方根を掛けるのはなぜでしょうか？　このことについて考えるために図9を見てください。図9は、資産の保有期間を延ばしていったときに、期待リターンと標準偏差がどのように変わっていくかを示したものです。

■図9　保有期間と期待リターン・標準偏差の関係

期待リターンは、保有期間が伸びるにつれて直線的に増加していくのに対

し、標準偏差は、保有期間の平方根に比例して大きくなっていきます。なぜなのかについては深い理由があるのですが、簡単に説明すると、証券の価格が様々な要因に影響を受けることで上がったり下がったりして、結果的に不規則に動いているとみなせる場合には、その動きの幅（標準偏差）が保有期間の平方根に比例して大きくなっていくとみなせるのです。例えば、100倍の時間が過ぎても、標準偏差は10倍にしかなりません（$\sqrt{100} = 10$）。イメージで言うと、酔っぱらった人のようにフラフラしながら移動しているので、時間がたってもそこまで遠くへは行っていないという感じです。

このような、証券価格の不規則な動きのことを「ブラウン運動」と呼びます。ブラウン運動は、金融の世界だけでなく自然界でも見られるのですが、ブラウン運動を世界で最初に発見したのは、なんと金融の専門家ではなく植物学者です。花粉を水に浮かべると、水を吸って膨張し破裂することによって中から微粒子が出てくるのですが、1827年、植物学者ロバート・ブラウンは、その微粒子を顕微鏡で観察していて不思議なことを発見しました。花粉から漏出した微粒子が、水面に波が全く立っていないにもかかわらず、不規則にふらふらと動き回っていたのです。この原因は長いこと不明でしたが、発見者ブラウンの没後、天才物理学者アインシュタインによって解明されました。水の中は、ミクロのスケールで見ると無数の水分子が動き回っています。そして、水に浮かぶ微粒子には、水分子がひっきりなしに衝突しています。ブラウン運動は、無数の水分子が微粒子に不規則に衝突することによって引き起こされる現象だったのです。

アインシュタインによって、ブラウン運動による微粒子の水面上での移動範囲は、時間の平方根に比例して広がっていくことが示されました。この、「水面上の微粒子が、時間の平方根に比例して広がっていく」ということと、「標準偏差が、保有期間の平方根に比例する」ということは、どちらもブラウン運動からの帰結なのです。

証券の価格の動きも、水面上の微粒子ととてもよく似ています。水面上の微粒子が、無数の水分子の不規則な衝突によって動いていくように、金融市場における証券の価格も、日々のニュースや市場参加者の思惑などの無数の要因に影響を受けて不規則に動いていきます。結果として、証券価格はフラフラとブラウン運動をするわけです。ブラウン自身も、自分が顕微鏡で見た光景がファイナンス理論に繋がっていくとは想像もしなかったでしょう。

③ 相関

では次に、資産間の相関を計算してみます。相関は、CORREL関数を用いて計算することができます。図10のように、H12セルに「=CORREL(D4:D97,E4:E97)」と入力します。－0.42と出てきますが、これが、米株と米国債の月次リターンの相関です。

■図10　相関の計算

相関は、2つの証券の動きがどれだけ似ているかを－1から1までの数値で表します。1に近いほど動きの連動性が高く、－1に近いほど逆の動きをしていることを示します。特に、相関が負の値を取っている状態を逆相関と呼びますが、株と債券は、一般的に逆相関の関係にある場合が多いです。※ポートフォリオ理論の章で学んだように、逆相関の関係にあるということは、

互いの動きを打ち消し合うことで、ポートフォリオ全体としての価値のブレを小さくする効果が期待できます。

※ 相関の値は市場の動向や銘柄等によって異なりますが、一般的には、株と債券のリターンは逆相関の関係を示すことが多いです。

　一方で、２つの証券が正の相関を持つ場合もあるのですが、相関が高い（１に近い）からといって、必ずしも投資対象として似ているわけではないことには注意が必要です。例えば、ある株式１と２の2011年のリターンを図11に示しました。CORREL関数を使って株１と株２の相関を計算してみると、ぴったり１になります。つまり、完全に相関しているということです。では、株１に投資した場合と株２に投資した場合では、結果は同じになるのでしょうか？　実際に投資した結果を図12に示しましたが、株１がややプラスになっているのに対し、株２は大きくマイナスになっています。つまり、相関が１であるにもかかわらず、投資した結果は全く異なるのです。

■図11　株式１と株式２のリターンの相関は１

	A	B	C	G	H
1		月次リターン			
2	日付	株1	株2		相関
4	2011/1/31	2.37%	-2.63%		1.00
5	2011/2/28	3.43%	-1.57%		
6	2011/3/31	0.04%	-4.96%		
7	2011/4/29	2.96%	-2.04%		
8	2011/5/31	-1.13%	-6.13%		
9	2011/6/30	-1.67%	-6.67%		
10	2011/7/29	-2.03%	-7.03%		
11	2011/8/31	-5.43%	-10.43%		
12	2011/9/30	-7.03%	-12.03%		
13	2011/10/31	10.93%	5.93%		
14	2011/11/30	-0.22%	-5.22%		
15	2011/12/30	1.02%	-3.98%		

■図12　株１と株２の投資収益の比較

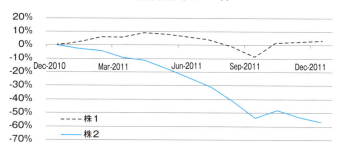

種明かしをしますと、株2のリターンは、どの月についても株1のリターンより5％低くなっています。例えば1月は、株1が2.37％、株2が−2.63％ですが、差を取ると、ちょうど−5％になります（−2.63％−2.37％＝−5.00％）。他の月も同様になるので、確かめてみてください。

　なぜこのような結果になるかというと、**相関は、まずデータから平均値を差し引いて、平均値からのズレだけを比較しているからです**。平均値が大きく違っても、平均値まわりの動きが似ていれば、相関は高く出るのです。金融機関の職員でも、「相関が高いから、2つの資産は同じような値動きをしている」と安易に結論づけてしまう人が少なからずいますが、**相関のみで議論すると、平均値に関する考察が抜け落ちてしまうことに注意してください**。

　実例を挙げると、一昔前にヘッジファンド・レプリケーションという戦略が流行ったことがありました。これは、株や債券などの様々な資産を組み合わせて、ヘッジファンドのリターンを再現しようというものです。ヘッジファンドは資産運用のプロ集団ですが、ヘッジファンドへ運用を委託すると、とても高い手数料を取られてしまいます。そこで、統計的な手法で彼らの運用結果だけを再現できれば、ヘッジファンドに頼らずに自力で同じくらいの運用成果を挙げられると考えた人たちがいたのです。

※　より正確に言えば、様々な資産を先物取引によって売ったり買ったりすることで、戦略を実行します。

　ヘッジファンド・レプリケーションを実行に移す方法はいろいろと考え出されましたが、その中には、相関を使ったものもありました。株や債券などの資産の投資比率をコンピューター内のシミュレーションでいろいろと変えていき、ヘッジファンドの過去のリターンと、コンピューター上で作り上げたポートフォリオの"過去の"リターン（もしそのポートフォリオを昔から運用していたとしたら、実現していたであろうリターン）の相関が最も高くなるように投資比率を決めるというものです。ただ、このような方法ではリ

ターンの動き方を似せることはできるかもしれませんが、平均リターンが同程度になる保証はありません。つまり、結果的にヘッジファンドのパフォーマンスを再現したことにはならない可能性があります。

　相関についてはもう1つ注意点があります。国内の資産に加えて、外国株や外債（外国の債券）を分析する際は、相関の計算をする際に時差の影響を考える必要があります。例えば、図13のように、日本株[※1]と米株[※2]の日次リターンのデータがあるとしましょう。G4セルに「=CORREL（D4:D22,E4:E22）」と入れて相関を計算してみると、0.14という結果が出てきます。しかし、この計算には問題があります。どこがまずいか、考えてみてください。

※1　TOPIX
※2　S&P500

■**図13　日本株と米株の日次リターンデータ**

	A	D	E	F	G
1		月次リターン			
2	日付	米株	日本株		相関
4	2016/1/4	-2.4%	-2.4%		0.14
5	2016/1/5	0.2%	-0.3%		
6	2016/1/6	-1.3%	-1.1%		
7	2016/1/7	-2.4%	-2.1%		
8	2016/1/8	-1.1%	-0.7%		
9	2016/1/12	0.9%	-3.1%		
10	2016/1/13	-2.5%	2.9%		
11	2016/1/14	1.7%	-2.5%		
12	2016/1/15	-2.2%	-0.3%		
13	2016/1/18	0.0%	-1.0%		
14	2016/1/19	0.1%	0.2%		
15	2016/1/20	-1.2%	-3.7%		
16	2016/1/21	0.5%	2.8%		
17	2016/1/22	2.0%	5.6%		
18	2016/1/25	-1.6%	1.3%		
19	2016/1/26	1.4%	-2.3%		
20	2016/1/27	-1.1%	3.0%		
21	2016/1/28	0.6%	-0.6%		
22	2016/1/29	2.5%	2.9%		
23	2016/2/1	0.0%	2.1%		

　図13の計算がまずい点として、日本とアメリカの時差を考慮していないことが挙げられます。**国内株と外国株では時差があるため、取引されている時間帯が異なります。**そのため、同じ日付のデータでも、実際は時点が異な

るのです。例えば、日本最大の証券取引所である東京証券取引所は、日本時間の9時に取引を開始し、15時に取引を終了します。一方、アメリカ最大（世界最大）の証券取引所であるニューヨーク証券取引所（NYSE）は、東部標準時（EST：Eastern Standard Time）の9時半に取引開始し、16時に終了します。日本時間はESTよりも14時間（サマータイム期間中は13時間）進んでいるため、データ上の日付が同じでも、実際に取引されている時間帯はおおよそ半日ずれていることになります。

金融市場は、常に様々なニュース等を反映して刻々と変わっていくため、半日のずれは大きな意味を持ちます。日本の方が早く日付が変わるので、同じ日付の価格データでは、日本の方が早く確定し、その約半日後に米国が確定することになります。世界の株式市場は互いに影響を及ぼし合っているので、世界的に連動して動くことが多いのですが、では、先に始まった日本株市場が米株市場に影響を及ぼすのでしょうか？ 残念ながら実態は逆で、世界最大である米国市場の動きが、日本市場の動きに影響を及ぼすことの方が多いです。つまり、日本株の動きは、前日の米株の動きの影響を受けることが多いのです。

そこで、CORREL関数の（ ）の中を少し変えて、CORREL（D4:D22, E5:E23）としてみましょう。日本株を1日ずらすことで、日本株リターンと前日の米株リターンとの相関を計算していることになります。すると、図14のように、相関の値が0.59と一気に高くなりました。日本株が前日の米株市場の動きの影響を受けるため、高い相関が見られるのです。

時差の影響を考えるのが面倒くさいという方は、月次リターンや週次リターンを用いることをお勧めします。月次、週次の価格の動きを考える場合は、当然ながら時差の影響が小さくなるからです。特に、月次リターンを扱っている場合は、時差の影響はほぼ無視してかまわないでしょう。**複数の国・地域のデータを一緒に分析する場合は、月次、または週次リターンを用いるこ**

とで、時差の影響を抑えることができます。

■図14　日本株のリターンと、前日の米株リターンとの相関

	A	D	E	F	G
1		月次リターン			
2	日付	米株	日本株		相関
4	2016/1/4	-2.4%	-2.4%		0.59
5	2016/1/5	0.2%	-0.3%		
6	2016/1/6	-1.3%	-1.1%		
7	2016/1/7	-2.4%	-2.1%		
8	2016/1/8	-1.1%	-0.7%		
9	2016/1/12	0.9%	-3.1%		
10	2016/1/13	-2.5%	2.9%		
11	2016/1/14	1.7%	-2.5%		
12	2016/1/15	-2.2%	-0.3%		
13	2016/1/18	0.0%	-1.0%		
14	2016/1/19	0.1%	0.2%		
15	2016/1/20	-1.2%	-3.7%		
16	2016/1/21	0.5%	-2.8%		
17	2016/1/22	2.0%	5.6%		
18	2016/1/25	-1.6%	1.3%		
19	2016/1/26	1.4%	-2.3%		
20	2016/1/27	-1.1%	3.0%		
21	2016/1/28	0.6%	-0.6%		
22	2016/1/29	2.5%	2.9%		
23	2016/2/1	0.0%	2.1%		

④ VaR

　平均リターン、標準偏差が計算できたので、そこからVaRを計算してみましょう。VaRの計算は、リターンが正規分布に従うと仮定すれば、「−（期待リターン−2.33×標準偏差）」で計算できることをリスク管理の章で学びました。最初に作った米株と米国債のシート（図15）に戻りましょう。米株・米国債についてVaRを計算すると、以下のようになります。年率換算した平均リターンと標準偏差から計算しているので、保有期間1年のVaRになります。

　　米株：−（14.4％−2.33×11.9％）＝ 13.4％　←図15のH17セル
　　米国債：−（3.2％−2.33×4.5％）＝ 7.3％　←図15のH18セル

　正規分布を仮定せず、ヒストリカル法でやる場合は、PERCENTILE.INC関数を使います。H23セルに「=PERCENTILE.INC(D4:D97,0.01)*−1」、H24セルに「=PERCENTILE.INC(E4:E97,0.01)*−1」と入力してください（Excel2007以前のバージョンをお使いの方は、PERCENTILE.INCの代わりにPERCENTILEとしてください）。そうすると、H23セルに米株の99％ VaRが、H24セルに米国債の99％ VaRが表示されます。ここでは月次リターンから計算しているので、保有期間1ヵ月のVaRになっている点に注意してください。

　PECENTILE.INCは、特定のパーセンタイル点に位置するデータの値を表示する関数です。パーセンタイル点とは、データを小さい順に並べたときに、そのデータが全体の何割に位置するかを意味する数字です。例えば、パーセンタイル点を0.01とした場合、全体のうち、小さい方から数えて1％のところにあるデータが表示されます。つまり、表示された値よりも小さいデータが全体の1％を占め、大きいデータが全体の99％を占めるということです。「PECENTILE.INC（データ範囲, パーセンタイル点）」というように入力します。

ヒストリカル法は、過去のリターンの中でワーストに近いものをVaRとみなすのでした。リターンデータ全体のうち、小さい方から数えて1％のところにある値（つまり、1パーセンタイル点のデータ）を99％VaR、5％のところにある値（つまり、5パーセンタイル点のデータ）を95％VaRとみなします。したがって、PERCENTILE.INCを使ってヒストリカル法のVaRが計算できるのです。95％VaRを計算する際は、パーセンタイル点を0.05としてください。つまり、「=PERCENTILE.INC(D4:D97,0.05)」のようになります。

■図15　VaRの計算

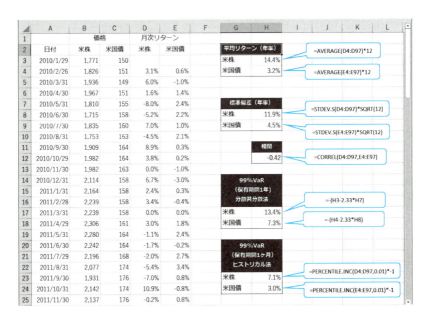

第4章　統計分析　189

3 計算した数値を使って、最小分散ポートフォリオを作ってみる

　さて、せっかくいろいろ計算したので、これらの値の一部を使って、簡単なポートフォリオを作ってみましょう。ここでは、ポートフォリオ理論の章で出てきた最小分散ポートフォリオを作ってみます。新しくシートを作り、先ほど計算した米株と米国債の平均リターン、標準偏差、相関の値を図16のように貼り付けます。

　ちなみに、今回の計算では、米株と米国債の両方において、過去の平均リターン＝期待リターンとみなします。実際には、過去に実現したリターンと同じレベルのリターンが将来も実現するとは限らないのですが、今回は、自分で手を動かして計算できるようになることが目的なので、簡単にこのように置いてしまいます。期待リターン（つまり将来に実現すると期待されるリターン）をきちんと推計するのは難しい場合が多いことから、実務の世界でも、過去の平均リターン＝期待リターンと置いてしまうことはしばしばあります。

　では、米株と米国債を組み合わせて、ポートフォリオを作ることを考えましょう。ポートフォリオ理論の章で出てきた、ポートフォリオの期待リターン・標準偏差を計算する式を思い出してください。次のようなものでした。今回は、Aに米株が、Bに米国債が当てはまります。

　　ポートフォリオの期待リターン＝
　　（Aの投資比率×Aの期待リターン）＋（Bの投資比率×Bの期待リターン）…（式1）

ポートフォリオの標準偏差＝

$$\sqrt{(Aの投資比率 \times Aの標準偏差)^2 + (Bの投資比率 \times Bの標準偏差)^2 + 2(Aの投資比率 \times Bの投資比率 \times AとBの相関 \times Aの標準偏差 \times Bの標準偏差)}$$

…（式2）

　投資比率を10％ずつ変えていって、ポートフォリオの期待リターンと標準偏差がどのように変わっていくかを見てみましょう。米株と米国債の投資比率を、それぞれ8行目、9行目に入力します。左端は米株100％・米国債0％のポートフォリオで、そこから右に行くにつれて、10％ずつ米国債を増やしていきます。

■図16　投資比率を変えていった場合の、ポートフォリオの期待リターンと標準偏差

　次に、E10セルに「＝E8*E3＋E9*E4」と入力します。これは、式1をエクセル関数として表現したもので、ポートフォリオの期待リターンを計算しています。そして、E11セルに、「＝SQRT(E8^2*H3^2＋E9^2*H4^2＋2*E8*E9*J3*H3*H4)」と入力します。かなりややこしい式に見えますが、これは式2をエクセル関数で表現したものになり、ポートフォリオの標準偏差を計算しています。入力が終わったら、E10・E11セルの関数を、表の右端まで引っ張って伸ばします。

以上で、ポートフォリオの期待リターンと標準偏差の計算は終わりです。あとは、表を眺めて、「最小分散ポートフォリオ」を探してみましょう。どれになると思いますか？

　図16の11行目を見てみると、米株に20％、米国債に80％投資した場合が、ポートフォリオの標準偏差が3.4％と最小になっていることがわかります。つまり、最小分散ポートフォリオは、「米株20％、米国債80％」のポートフォリオということになります。

　ここでは、練習のためにかなり単純化された方法を紹介していますが、実際に実務で最小分散ポートフォリオを構築するときは、もっと多くの資産を投資対象として考え、分散共分散行列というものを使ってポートフォリオの標準偏差を計算します。多くの資産を対象とする場合はエクセルでの計算は難しくなってくるので、RやMATLABなどのプログラミング言語を用いることになります。ポートフォリオ理論の章でも述べましたが、期待リターンの推計は難しいことが多いので、期待リターンの推計を必要としない最小分散ポートフォリオは実務の世界でも人気があり、多くの金融機関やヘッジファンド等によって採用されています。

4　β（ベータ）の計算

　最後に、β（ベータ）の計算も紹介します。βは、今まで計算してきた相関と標準偏差を使えば、簡単に求めることができます。ある株式Aの、市場インデックスに対するベータを計算する際は、以下の式を使います。

$$\beta = \text{株式Aと市場インデックスの相関} \times \frac{\text{株式Aの標準偏差}}{\text{市場インデックスの標準偏差}}$$

　つまり、標準偏差の比に相関を掛けるだけです。βは、市場が動いたときに、それに連動して個別の証券がどれくらい動くのかを示すものでした。ですので、市場インデックスとの相関が高いほどβが大きくなるわけです。具体的な計算例として、図17を見てください。D列にTOPIX、E列にトヨタ株の月次リターン（2010年2月～2017年11月）が記録されています。

　まずは、βを計算する前準備として標準偏差を計算します。TOPIXの標準偏差を計算するために、H3セルに「＝STDEV.S（D4:D97）*SQRT（12）」と入力します。次に、トヨタ株の標準偏差を求めるために、H4セルに「＝STDEV.S（E4:E97）*SQRT（12）」と入力します。そして、TOPIXとトヨタ株の相関を計算するために、H7セルに「＝CORREL（D4:D97,E4:E97）」と入力します。あとは、標準偏差の比を取って相関を掛けるだけです。H11に「＝H7*H4/H3」と入力すると、βの値が1.2と出てきました。βが1.2ということは、TOPIXが1％上昇（下落）したときに、トヨタ株は平均して1.2％ほど上昇（下落）するということです。[※]

※　βが1.2と出ても、トヨタ株のリターンが常にTOPIXのリターンの1.2倍になるというわけではありません。また、今回は2010年2月～2017年11月の月次リターンからβを推計していますが、データ期間が変わるとβの推計値も変わることがあります。

■図17 βの計算

	A	B	C	D	E	F	G	H	I	J	K	L
1		価格		月次リターン								
2	日付	TOPIX	トヨタ株	TOPIX	トヨタ株		標準偏差（年率）					
3	2010/1/29	901	3,510				TOPIX	17.1%		=STDEV.S(D4:D97)*SQRT(12)		
4	2010/2/26	894	3,330	-0.8%	-5.1%		トヨタ株	24.5%				
5	2010/3/31	979	3,745	9.5%	12.5%					=STDEV.S(E4:E97)*SQRT(12)		
6	2010/4/30	987	3,665	0.8%	-2.1%		相関					
7	2010/5/31	880	3,280	-10.8%	-10.5%			0.84		=CORREL(D4:D97,E4:E97)		
8	2010/6/30	841	3,080	-4.4%	-6.1%							
9	2010/7/30	850	3,050	1.0%	-1.0%							
10	2010/8/31	805	2,860	-5.3%	-6.2%		ベータ					
11	2010/9/30	830	2,998	3.1%	4.8%			1.20		=H7*H4/H3		
12	2010/10/29	811	2,859	-2.2%	-4.6%							
13	2010/11/30	861	3,220	6.2%	12.6%							
14	2010/12/31	1,519	6,878	3.3%	3.4%							
87	2017/1/31	1,522	6,584	0.2%	-4.3%							
88	2017/2/28	1,535	6,365	0.9%	-3.3%							
89	2017/3/31	1,513	6,042	-1.5%	-5.1%							
90	2017/4/28	1,532	6,035	1.3%	-0.1%							
91	2017/5/31	1,568	5,932	2.4%	-1.7%							
92	2017/6/30	1,612	5,893	2.8%	-0.7%							
93	2017/7/31	1,619	6,234	0.4%	5.8%							
94	2017/8/31	1,617	6,183	-0.1%	-0.8%							
95	2017/9/29	1,675	6,710	3.5%	8.5%							
96	2017/10/31	1,766	6,990	5.4%	4.2%							
97	2017/11/30	1,792	7,044	1.5%	0.8%							
98												

5 まとめ

　いろいろな関数が出てきましたが、これらを全て覚える必要はなく、考え方を理解することが重要だと思います。分析を行う前に、必ずデータのサニティ・チェックを行うこと、期待リターンや標準偏差の年率換算の考え方、相関の値を解釈するときの注意点など、基本的なところを押さえておくと、思わぬ失敗を防げるでしょう。

おわりに

　本書では、資産運用に関する色々な「考え方」を紹介しましたが、その中でも特に重要なのが分散投資の考え方です。日本は欧米と比べて、個人資産の現預金比率が非常に高いと言われます。つまり、資産のほとんどが銀行預金で、運用はあまりやっていない人が多いということです。投資について、「なんとなく危ない」とか、「ギャンブルみたいなものだ」という考え方を持つ人が多いからかもしれません。

　確かに、投資をしていれば損をすることもあるでしょう。しかし、きちんと分散投資を実践していれば、最終的には「何もしない」よりもずっと良い結果になるであろうということをファイナンス理論は教えてくれます。個人でも、インデックス運用ファンドやバランス型投資信託をうまく活用すれば手軽に分散投資を行える時代ですので、一昔前に比べれば、資産運用の敷居はかなり下がっているといえます。

　本文でも述べましたが、ファイナンス理論の最も根本的な考え方は「リターンはリスクの対価である」というものです。対価が支払われないリスク（個別リスク）を分散効果によって抑制し、対価が支払われるリスク（市場リスクまたはファクターリスク）を適切な水準で取ることが目標リターン達成につながります。ファイナンス理論を学ぶことで、リスクをとにかく避けるという発想から、目標達成のために適切な水準のリスクを取るという発想へ切り替えていくことが大切だと思います。

　最後になりましたが、本書を書くにあたって多くのアドバイスを下さった

CCCメディアハウス書籍第一編集部の鶴田さん、アップルシード・エージェンシーの栂井さんに心から感謝致します。

2018年2月9日

冨島佑允

■ 冨島佑允（とみしま・ゆうすけ）

1982年福岡生まれ。外資系生命保険会社の運用部門に勤務。
京都大学理学部・東京大学大学院理学系研究科卒（素粒子物理学専攻）。大学院時代は世界最大の素粒子実験プロジェクトの研究員として活躍。その後メガバンクにクオンツ（金融工学を駆使する専門職）として採用され、信用デリバティブや日本国債・日本株の運用を担当し、ニューヨークでヘッジファンドのマネージャーを経験。2016年に転職し、現職では10兆円を超える資産の運用に携わる。欧米文化に親しんだ国際的な金融マンであると同時に、科学や哲学における最先端の動向にも精通している。著書に、『数学独習法』（講談社現代新書）、『日常にひそむ うつくしい数学』（朝日新聞出版）、『この世界は誰が創造したのか シミュレーション仮説入門』（河出書房新社）、『「大数の法則」がわかれば、世の中のすべてがわかる！』（ウェッジ）がある。

●著者エージェント：アップルシード・エージェンシー
http://www.appleseed.co.jp

投資と金融がわかりたい人のための
ファイナンス理論入門
プライシング・ポートフォリオ・リスク管理

2018年4月1日　　初　　版
2024年2月29日　　初版第3刷

著　　　者　　冨島 佑允
発　行　者　　菅沼 博道
発　行　所　　株式会社ＣＣＣメディアハウス
　　　　　　　〒141-8205　東京都品川区上大崎3丁目1番1号
　　　　　　　電話　049-293-9553（販売）
　　　　　　　　　　03-5436-5735（編集）
　　　　　　　http://books.cccmh.co.jp

印刷・製本　　株式会社新藤慶昌堂

© Yusuke Tomishima, 2018
Printed in Japan
ISBN978-4-484-18214-8
落丁・乱丁本はお取り替えいたします。
無断複写・転載を禁じます。